禪門修證指要。

聖嚴法師 著

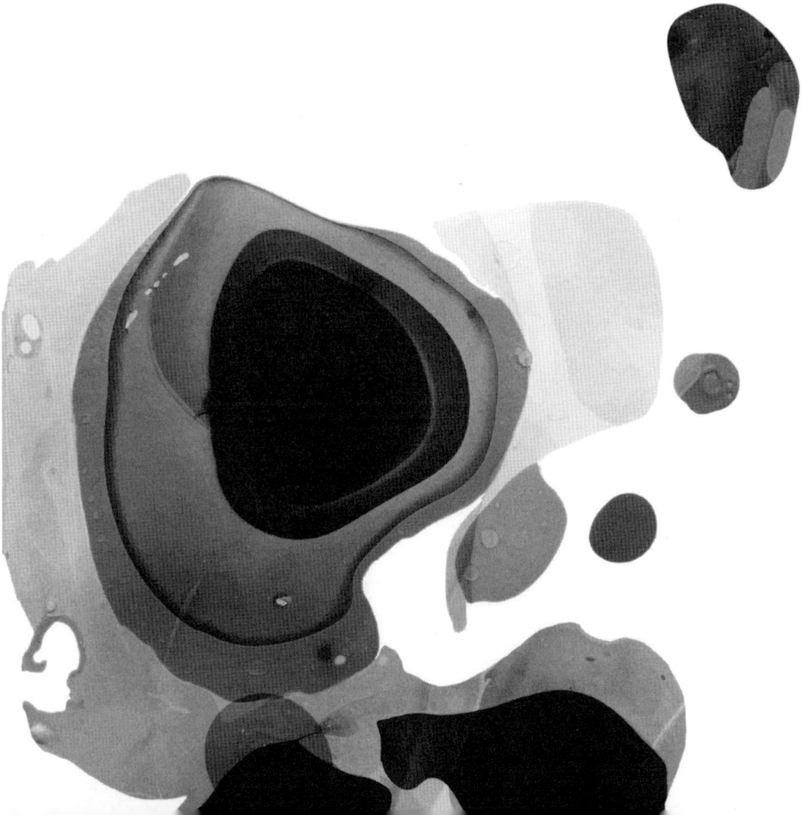

自序

一

禪宗不立文字，主張教外別傳。但是，中國佛教的大乘諸宗之中，禪宗所留下的文字最多，在《大正藏》的諸宗部，禪宗典籍占首位，有一千五百九十九頁；天台宗以義理的闡揚著稱，卻占第二位，計九百八十二頁。於《大正藏》的「史傳部」，禪宗所占篇幅，與各宗比較也是首位，例如《景德傳燈錄》及《續傳燈錄》的兩部禪宗史傳，合起來便有六十六卷。再看《卍續藏》，所收中國撰述的部門內，禪宗撰述，占了十七冊多，共計八千二百八十四頁；其次為淨土宗的撰述，計不足四冊，共一千六百八十五頁；再次是天台宗，計一千六百零四頁。

可知，禪宗雖稱不立文字，並非不用文字，相反地，倒是善用文字來傳播佛法的一個宗派。「不立文字」的主張，出於菩提達摩的〈略辨大乘入道四行〉所稱：「凡聖等一，堅住不移，更不隨於言教。」過了二百多年，至圭峰宗密的《中華傳心地禪門師資承襲圖》，始有「然達磨西來，唯傳心法，故自云：我法以心傳心，不立文字」之句。到了宋朝，楊億序道原的《景德傳燈錄》時，也說：「首從於達磨，不立文字，直指心源，不踐楷梯，徑登佛地。」由於文字的教義，是用符號，形容事物整體或局部的觀念，並不等於事物的本身。如果以為文字即是文字所表達的事物觀念的本身，便永遠無法見到文字所要表達的事物了，所以達摩主張「不隨於言教」。可是，文字仍是一種最好的工具和媒介，為了使人達到不立文字的目的，最初還得用文字來做為通往悟境的路標。

以路標為目的地是愚癡，不依路標所指而前進，更加危險；以研究經教為唯一的工作而不從事實際的戒定慧三學的修證者，那是佛學的領域，不是學佛的態度。所以如永嘉大師起先研究經教，後來以禪悟而遇六祖惠能之後，便說：「入海算沙徒自困，卻被如來苦訶責，數他珍寶有何益？從來蹭蹬覺虛行，多年枉作風塵客。」一般人只見到禪宗大德訶斥文字的執著，殊不知，唯具有淵博學問的人，才能於悟後掃除文字，又為我們留下不朽的著作，引導著我們，向著正確的佛道邁進。故在悟前的修行階段，若無正確的教義做指導，便會求升反墮。因此，明末的蕅益大師智旭，極力主張「離經一字，即同魔說」的看法。

二

有人問我：何等人始夠資格學禪？有多少人由於學禪而得解脫生死，出離三界？我的答覆是：如果限定資格，那就不是平等的佛法；如果學禪不能出離三界，那就是說任何法門都沒有使人解脫生死的可能。因為禪是鍊心之法，是戒定慧三學的總綱；離戒定慧三學而別有佛法可修，那一定是受了外道的愚弄。

但是，禪的修持，在近世的中國，的確容易受人誤解，那是由於缺乏明師的鍛鍊指導，或者對佛法沒有正確的認識，習禪者便可能墮入兩種可憐可哀的心態：

（一）知識較高者，多看了幾則公案和語錄，往往會以自己的想像，揣摩公案和語錄中所示的意境及悟境，自以為懂得了並也悟入了。此即不假真參實修，也不必持戒習定，以為自然天成，本來是佛，即煩惱是菩提，即生死是涅槃。這種人目空一切，放浪不羈，自傲自大，不信心外有佛，不敬三寶，不信三世因果，或者倒因為果。一般人以為唯有利根上智者才夠資格學禪的論調，即是錯將這一模式的人當成了禪者。

（二）有一輩好求奇蹟的人，在修行若干時日的禪定之後，由於求功心切，定境無法現前，悟境更無踪影，卻在幻覺與幻境中自我陶醉，例如自以為見光見花，見佛菩薩像，親見淨土，聞佛說法，以及種種奇象異境。而且逢人便說，他們是已有證悟的人，是具有異能的人，是親見聖境的人，乃至自以為是某佛或某大菩薩的再來。由於他們以幻覺幻境為實際的證悟經驗，也可能招致一些外道鬼神的趁勢而入，利用他們的身心，真的發揮若干彷彿是宿命、天眼及放光、噴香等的神奇現象，例如告知你的過去世曾是什麼、做了什麼，又向你預報吉凶等，非但增強他們自以為是聖者的信念，也能引來許多貪便宜、走捷徑以及好奇者的崇拜與追隨。一般被尊稱為新興宗教的創始者，在佛教則稱之為附佛法外道，大多是屬於這一類型。下焉者則成精神錯亂的精神病患者，身心均受損害，乃至無法過他們的正常生活。所謂修行禪定走火入魔者，即是這一類型的人。

至於正確的禪者，必定是戒定慧並重的切實修行者，不做浮光掠影的牽強附會，不為光影聲色的境界所動，不因身心的任何反應而起執著。此在《楞嚴經》、《摩訶止觀》等的敍述中，均有明確的指示，否則便稱為魔境現前。中國佛教所用「禪」字的意思，是依戒修定，依定發慧的智慧行，它與布施、持戒等的福德行，必須相應，始能成就。正像《阿彌陀經》所說，若人求生西方阿彌陀佛的國土，必須具備足夠的福德與深厚的善根方得。如果說禪不易修成，往生西方的彌陀淨土，也不是輕而易舉的事。假如不能備積資糧，並且不斷地修行，學禪固然不能立即超凡入聖，修持任何法門都會同樣地無法速修速成，否則便與因果律相背了。所以，禪雖不是修行佛道的唯一方法，確是修行佛道的通途或要門，它以戒律的生活與禪觀的定力為基礎，智慧與慈悲——大菩提心的開發為目的。從釋迦世尊以來諸大菩薩及諸祖師無不以此方法而得成就。因為禪的修行方法，並無定法，若得明師指點，一切方法均可匯歸禪的入門方便，包括念佛、持咒、禮拜、讀誦等方法，並不限於靜坐或禪數。唯其用疑情、參話頭，乃是最快捷和最有效的方法。若能用任何方法使得身心寧靜之後，再以疑情來參話頭，智慧的火花，或所謂悟境，便會出現。當我們有過一次真正的失卻了身心世界的經驗之後，信心才會落實，氣質才會變化，菩提心才會滋長，慈悲心才會殷切。那時，你的心胸擴大、清靈，性格開朗、穩定，奠定了一個學佛者的人格基礎。

三

向來的禪者，以及重視實際修行的佛教徒，大都不重視思想史的演變過程，似乎覺得「禪」的修證方式和觀念，從來不曾有過變化，僅憑以因緣而接觸到的某一種或某一些禪的方法或禪的文獻，做為衡斷及修持的標準。縱然是聰明的禪者，涉獵了往古迄今的各種禪籍，多半也僅以同一個角度來理解它們，此與各還其本來面目的認識法，是有很大出入的。

因此，我已在《禪的體驗．禪的開示》一書中，以歷史的角度，介紹了〈禪的源流〉、〈從印度禪到中國禪〉、〈中國禪宗的禪〉。在本書中，則以抽樣的方式，將中國禪宗史上留下的禪門重要文獻之有關於修證內容及修證方法者，摘要選錄了二十四篇。時間的歷程，自梁武帝（西元五〇二—五四九年在位）時代的菩提達摩，直到現代的虛雲老和尚（西元一八四〇—一九五九年）經過一千四百多年，其間的禪風，因時而異，因地而異，因人而異，變化多端，愈到後來愈圓熟，愈往上追溯，愈明其源頭的活水及其基本的形態。

比如幾乎盡人皆知，北宋以下，參禪與念佛合流，倡導禪淨雙修最有力的是永明延壽禪師（西元九〇四—九七五年），明末的蓮池大師袾宏（西元一五三五—一六一五年）則將念佛分為「持名」與「參究」的兩門，皆以往生西方淨土為其指歸。持名即是念「南無阿彌陀佛」的六字洪名；參究即是以大疑情參問「念佛是誰」。因此，晚近的淨土行者雖不參禪，而參禪者無不念佛；雖有淨土行者排斥禪門，真的禪者則殊少非議念佛之行，因為淨土的念佛法門，即是禪觀方法的一種，如予排斥，就像有人用右腳踢左腳，舉左手打右手，豈非愚不可及！

事實上，禪者念佛，早在四祖道信（西元五八〇—六五一年）的〈入道安心要方便門〉，即舉《文殊說般若經》所說的念佛法門，勸導大家照著修行：「繫心一佛，專稱名字」，說明禪門也用持名念佛。又引《無量壽經》所說「諸佛法身，入一切心想，是心是佛，是心作佛」的觀點，說明禪門的「是心是佛」，淨土經典中，也早有此說。我本人亦常勸念佛不得力的人，先學攝心的禪觀方法，一心安之後，專心持名，庶幾容易達成一心念佛的效果。因為念佛往生極樂者，一心念要比散心念更有力。一心念，心即與佛相應，散心念，則不能與佛相應；所以永明延壽的《宗鏡錄》內，數處提到「一念相應一念佛」、「念念相應念念佛」的主張，那也正是《楞嚴經・大勢至菩薩念佛圓通章》所說「都攝六根，淨念相繼，得三摩地」的道理。要是六根不收攝，淨念不相繼，而想「以念佛心，入無生忍」、「攝念佛人，歸於淨土」，是不容易的事。故請淨土行者，不可盲目地非議正確的禪門修持。

四

本書的編著，是以「述而不作」的態度，介紹禪門的重要文獻，逐篇從藏經中抄出，予以分段、分目、標點，並且抉擇取捨節略而加上我的附識。一則節省讀者的時間，能在數小時之中，一窺禪籍精華的原貌。二則便於闡揚禪籍精義的大德，輕易地得到已有新式標點的教材課本。三則使得有心於禪之修證的行者，在見地上有所依憑。四則是向已是禪師或將要成為禪師的大德，在鍛鍊法將及勘驗工夫方面，提供參考的資料。當然，最重要的，本書的編著，是給讀者看的，更是給我自己看的。我將置之於案頭，攜於行囊，溫習再溫習。

一九八〇年雙十節後一日序於中華佛教文化館

目錄

略辨大乘入道四行

菩提達摩

夫入道多途，要而言之，不出二種：一是理入，二是行入。

理入者，謂藉教悟宗。深信含生，凡聖同一真性，但為客塵妄覆，不能顯了。若也，捨妄歸真，凝住壁觀，無自他，凡聖等一，堅住不移，更不隨於言教；此即與真理冥狀，無有分別，寂然無名，名之理入。

行入者，所謂四行。其餘諸行，悉入此行中。何等為四行？一者報怨行，二者隨緣行，三者無所求行，四稱法行。

云何報怨行？修道行人，若受苦時，當自念言：我從往昔，無數劫中，棄本逐末，流浪諸有，多起怨憎，違害無限。今雖無犯，是我宿殃，惡業果熟，非天非人，所能見與，甘心忍受，都無怨訴。經云：「逢苦不憂。」何以故？識達故。此心生時，與理相應，體怨進道，是故說言報怨行。

第二，隨緣行者：眾生無我，並緣業所轉，苦樂齊受，皆從緣生。若得勝報榮譽等事，是我過去宿因所感，今方得之，緣盡還無，何喜之有？得失從緣，心無增減，喜風不動，冥順於道。是故說言隨緣行。

第三，無所求行者：世人長迷，處處貪著，名之為求。智者悟真，理將俗反，安心無為，形隨運轉。萬有斯空，無所願樂，功德黑闇，常相隨逐；三界久居，猶如火宅，有身皆苦，誰得而安？了達此處，故於諸有，息想無求。經云：「有求皆苦，無求乃樂。」判知無求，真為道行。

第四，稱法行者：性淨之理，因之為法。此理，眾相斯空，無染、無著、無此、無彼。經云：「法無眾生，離眾生垢故；法無有我，離我垢故。」智若能信解此理，應當稱法而行。法體無慳，於身命，則行檀捨施，心無悋惜。達解三空，不倚不著，但為去垢。攝化眾生，而不取相。此為自利，復能利他，亦能莊嚴菩提之道。檀度既爾，餘五亦然，為除妄想，修行六度，而無所行，是為稱法行。

（錄自《楞伽師資記》，《大正藏》八五．一二八五頁上—中）

聖嚴識　中國的禪宗，由菩提達摩自印度傳來，是一樁史實，所以宗門常用「祖師西來意是什麼」做為話頭來參。達摩何時來中國，則眾說紛紜，根據《傳法正宗記》，說他是於梁武帝普通元年（西元五二〇年），《寶林傳》、《祖堂集》、《景德傳燈錄》皆說他於普通八年（西元五二七年）來華。他在中國，雖遇見了深信佛法的梁武帝，但卻未能投機，結果在嵩山面壁默坐九年，所得弟子僅僅慧可及道育二人。

達摩祖師留下的著作極有限，此處所收的〈略辨大乘入道四行〉，大概是在達摩圓寂後約一百一十年，根據他被世間傳流的法語，整理而成的。其實這篇文章，不是專門指導行人如何進入禪門的教材，乃是介紹達摩祖師對於修行佛法通途的看法。講到禪的理論及方法的，只是短短二十幾個字。因此道宣的《續高僧傳》以壁觀與四行為達摩之道；宗密的〈禪源諸詮集都序〉卷上之二所稱「達摩以壁觀教人安心，外止諸緣，內心無喘，心如牆壁，可以入道」（《大正藏》四八．四〇三頁下）者，即是指的本篇的二入及其所稱：「凝住壁觀」、「安心無為」。至於現今流通的《少室六門》所收者，除了〈略辨大乘入道四行〉之外，尚有〈破相論〉、〈血脈論〉、〈悟性論〉、〈安心法門〉等，其成立年代，多有議論，但也值得流通，故被收入《大正藏》冊四八及《卍續藏》冊一一〇。讀者不妨自尋參閱。有關達摩祖師的史實、思想、禪風的考證說明，可參看日本關口真大博士的《達摩大師の研究》、《達摩の研究》。印順博士的《中國禪宗史》第一章。「達磨」及「達摩」兩種寫法，也有其歷史背景。早期的禪宗史料，例如唐代的淨覺所集《楞伽師資記》、杜朏的《傳法寶紀》（《大正藏》冊八五）及道宣的《續高僧傳》卷一六（《大正藏》冊五〇）均用「達摩」，而在宋代道原的《景德傳燈錄》卷三及卷三〇（《大正藏》冊五一）則使用「達磨」了。

息心銘

釋亡名

法界有如意寶，人焉久緘其身，銘其膺曰：古之攝心人也，戒之哉！戒之哉！無多慮，無多知。

多知多事，不如息意；多慮多失，不如守一。慮多志散，知多心亂；心亂生惱，志散妨道。勿謂何傷？其苦悠長；勿言何畏？其禍鼎沸。滴水不停，四海將盈；纖塵不拂，五嶽將成。防末在本，雖小不輕；關爾七竅，閉爾六情。莫視於色，莫聽於聲；聞聲者聾，見色者盲。一文一藝，空中小蚋；一伎一能，日下孤燈。英賢才藝，是為愚蔽；捨棄淳朴，躭溺淫麗。識馬易奔，心猿難制；神既勞役，形必損斃。邪行終迷，修途永泥；莫貴才能，日益惛瞢。誇拙羨巧，其德不弘；名厚行薄，其高速崩。內懷憍伐，外致怨憎。或談於口，或書於手；

邀人令譽，亦孔之醜。凡謂之吉，聖謂之咎；賞翫暫時，悲哀長久。畏影畏迹，逾遠逾極；端坐樹陰，跡滅影沉。厭生患老，隨思隨造；心想若滅，生死長絕。不死不生，無相無名；一道虛寂，萬物齊平。何貴何賤？何辱何榮？何勝何劣？何重何輕？澄天愧淨，皎日慚明；安夫岱嶺，同彼金城。敬貽賢哲，斯道利貞。

（錄自《景德傳燈錄》卷三〇，《大正藏》五一．四五八頁上—中）

聖嚴識　釋亡名，俗姓宋氏，不知其本名為何，世襲衣冠，他的才華出眾，曾為梁末的元帝所重而受禮遇。因其「弱齡遁世，永絕妻孥，吟嘯丘壑，任懷遊處」，所以在梁朝王室衰亡之後，即投兌禪師出家。嗣後於北周武帝天和二年（西元五六七年）大冢宰宇文護，遺書邀其返俗做官，他卻以「稟質醜陋，恆嬰疾惱」，固辭不赴，並謂：「鄉國殄喪，宗戚衰亡，貧道何人，獨堪長久，誠得收跡巖中，攝心塵外，支養殘命，敦修慧業，此本志也。寄骸精舍，乞食王城，任力行道，隨緣化物，斯次願也。」宇文護不能奪其志，反而以「不屈伯夷之節」讚歎他，迎其入咸陽。亡名因作〈寶人銘〉，以述其志：「余十五而尚屬文，三十而重勢位，值京都喪亂……定知世相無常，浮生虛僞，譬如朝露，其停幾何，……乃棄其簪弁，剃其鬚髮，衣衲杖錫，聽講談玄。」（參看《續高僧傳》卷七，《大正藏》五〇．四八一頁中—四八二頁上）可見亡名乃是一位自少年時代起即有遁世思想的梁末遺民。

唐代道宣的《續高僧傳》，將「亡名傳」列於〈義解篇〉，可是到了宋代《景德傳燈錄》的作者道原便將亡名視為重要的禪者，而把他的〈息心銘〉與菩提達摩的〈略辨大乘入道四行〉、傅大士的〈心王銘〉、三祖的〈信心銘〉、法融的〈心銘〉、神會的〈顯宗記〉、希遷的〈參同契〉、玄覺的〈證道歌〉，同錄於《景德傳燈錄》卷三〇。

日本學者鎌田茂雄博士以為亡名的禪思想，和南宗禪六祖以下的精神並不相同。南宗禪是以般若的慧為根本，亡名的禪境，卻以老莊為其背景。例如〈息心銘〉所云：「多慮多失，不如守一。」雖四祖道信有「守一不移」及五祖弘忍有「守本真心」之說，但其「守一」的思想，畢竟是道家的。又如：「莫視於色，莫聽於聲；聞聲者聾，見色者盲。」實可以考慮到與老子思想的淵源。又云：「一道虛寂，萬物齊平。」則可聯想到莊子的〈齊物論〉。而其「多知多事」及「多慮多失」則是表現著否定知解並見任其自然的一種思想。所以本篇〈息心銘〉的基本立場是與隱逸遁世的道家思想接近

的。（《中國佛教思想史研究》二四二—二四九頁，東京春秋社出版）

我將〈息心銘〉錄入本書的目的，是在介紹中國禪的歷史背景及其觀點的轉變。唐代的道宣時代，不以亡名為禪師，宋代的《景德傳燈錄》中，便以他為禪門的龍象，後代以迄今日，仍有不少人以為禪與道是相輔相成的，也可說明了時代的趨向。不過，如果出於道而入於禪，只要能放棄道家的情執和見障，確可把道家的工夫變為禪門的初階。比如本篇「何勝何重？何劣何輕？何賤何辱？何貴何榮？」的思想，是在表達萬物平等觀的自內證，此在修行的層次上，對普通人而言，已經不容易；但其仍有落於自然神論或泛神論的所謂我與一切，不一不異的大我局面的可能。假如再能以般若的空慧，照破這個大我，便會落實到出世而不是隱遁的大乘精神，也就是南宗禪的全體大用上來了。

心王銘

傅大士

觀心空王，玄妙難測。無形無相，有大神力。能滅千災，成就萬德。
體性雖空，能施法則。觀之無形，呼之有聲。為大法將，心戒傳經。
水中鹽味，色裡膠清。決定是有，不見其形。心王亦爾，身內居停。
面門出入，應物隨情。自在無礙，所作皆成。了本識心，識心見佛。
是心是佛，是佛是心。念念佛心，佛心念佛。欲得早成，戒心自律。
淨律淨心，心即是佛。除此心王，更無別佛。欲求成佛，莫染一物。
心性雖空，貪瞋體實。入此法門，端坐成佛。到彼岸已，得波羅蜜。
慕道真士，自觀自心。知佛在內，不向外尋。即心即佛，即佛即心。
心明識佛，曉了識心，離心非佛，離佛非心。非佛莫測，無所堪任。
執空滯寂，於此漂沉。諸佛菩薩，非此安心。明心大士，悟此玄音。

身心性妙，用無更改。是故智者，放心自在。莫言心王，空無體性。能使色身，作邪作正。非有非無，隱顯不定，心性離空，能凡能聖。是故相勸，好自防慎。剎邦造作，還復漂沉。清淨心智，如世黃金。般若法藏，並在身心。無為法寶，非淺非深。諸佛菩薩，了此本心。有緣遇者，非去來今。

（錄自《景德傳燈錄》卷三〇，《大正藏》五一．四五六頁下—四五七頁上）

聖嚴識　傅大士（西元四九七—五六九年），本名傅翕，乃是梁武帝時代的兩位大士之一，與寶誌公（西元四一八—五一四年）齊名。他的傳記，詳見於《景德傳燈錄》卷二七。十六歲他便結了婚，遂生二子。二十四歲時，與人同到河中漉魚，卻向水中祝願說：「去者適，止者留。」人或以其為愚。後見天竺僧嵩頭陀有省悟，捨漁而耕作，即有「空手把鋤頭，步行騎水牛。人從橋上過，橋流水不流」之偈。並自號為「雙林樹下當來解脱善慧大士」。於中大通六年（西元五三四年）及大同元年（西元五三五年）、大同五年，曾三次入宮，見梁武帝。並且有一傳說：「梁武帝請講《金剛經》，

（傅大）士纔陞座，以尺揮案一下，便下座。帝愕然，聖師曰：『陛下還會麼？』帝曰：『不會。』聖師曰：『大士講經竟。』」這段記載，最早出現在宋人普濟所集的《五燈會元》卷二，在此之前，凡是述及傅大士的任何著作中，均未見到，例如以《景德傳燈錄》為始，《天聖廣燈錄》等，均無此記述。所以在宋人宗鑑所編的《釋門正統》卷八，特為此事援引《傳燈錄》的記載，考訂而謂：「大士言行錄，其與帝問答佛法妙義及講經，旨趣甚詳，何獨講《般若》（編案：即《金剛般若波羅蜜經》）時，揮案一下，俾帝罔措耶？」總之，傅大士乃為超格的聖者，後人的傳說，可信可不信，以史實而言，似為虛構，但是故事的本身，頗受後人的喜愛而加以傳誦。其實，禪宗在當時，像德山及臨濟那樣的所謂機用尚未流行，傅大士在梁武帝之前，很不可能有如此的作略。但此傳說之形成，卻說明了禪宗自唐至宋，機鋒大行的事實。

信心銘

三祖僧璨

至道無難，唯嫌揀擇；但莫憎愛，洞然明白。毫釐有差，天地懸隔；
欲得現前，莫存順逆。違順相爭，是為心病；不識玄旨，徒勞念靜。
圓同太虛，無欠無餘；良由取捨，所以不如。莫逐有緣，勿住空忍；
一種平懷，泯然自盡。止動歸止，止更彌動；唯滯兩邊，寧知一種。
一種不通，兩處失功；遣有沒有，從空背空。多言多慮，轉不相應；
絕言絕慮，無處不通。歸根得旨，隨照失宗；須臾返照，勝卻前空。
前空轉變，皆由妄見。不用求真，唯須息見；二見不住，慎勿追尋。
纔有是非，紛然失心；二由一有，一亦莫守。一心不生，萬法無咎；
無咎無法，不生不心。能隨境滅，境逐能沉；境由能境，能由境能。
欲知兩段，元是一空；一空同兩，齊含萬像。不見精麁，寧有偏黨；

大道體寬，無易無難。小見狐疑，轉急轉遲；執之失度，心入邪路。
放之自然，體無去住；任性合道，消遙絕惱。繫念乖真，沉惛不好。
不好勞神，何用疎親。欲趣一乘，勿惡六塵，六塵不惡，還同正覺。
智者無為，愚人自縛；法無異法，妄自愛著。將心用心，豈非大錯。
迷生寂亂，悟無好惡。一切二邊，妄自斟酌。夢幻空華，何勞把捉。
得失是非，一時放卻。眼若不眠，諸夢自除。心若不異，萬法一如。
一如體玄，兀爾忘緣。萬法齊觀，歸復自然。泯其所以，不可方比。
止動無動，動止無止，兩既不成，一何有爾，究竟窮極，不存軌則。
啟心平等，所作俱息。狐疑盡淨，正信調直，一切不留，無可記憶。
虛明自然，不勞心力，非思量處，識情難測。真如法界，無他無自。
要急相應，唯言不二。不二皆同，無不包容，十方智者，皆入此宗。
宗非促延，一念萬年，無在不在，十方目前。極小同大，妄絕境界。
極大同小，不見邊表，有即是無，無即是有，若不如是，必不須守。
一即一切，一切即一，但能如是，何慮不畢，信心不二，不二信心。
言語道斷，非去來今。

（錄自《大正藏》四八．三七六頁中—三七七頁上）

聖嚴識　三祖僧璨（西元？—六〇六年）的史料不多，於《續高僧傳》未曾有傳，僅於「法沖傳」中提及「可禪師後粲禪師」。（編案：《續高僧傳》卷二十「道信傳」中，亦有四祖道信入皖公山隨二僧修學十年的記載，只是未寫出三祖僧璨之名）根據《楞伽師資記》的介紹則稱其：「隱司空山，蕭然靜坐，不出文記，祕不傳法。」但是，道信侍奉他十二年，結果受其傳法。根據《隆興編年通論》卷一八所收舒州刺史獨孤及，於唐代宗大曆六年（西元七七一年）所撰僧璨大師的〈賜謚碑〉則稱：「禪師號僧粲，不知何許人，出見於周隋間，傳教於慧可大師，摳衣鄴中，得道於司空山。謂身相非真故，示有瘡疾；謂法無我故，居不擇地；以眾生病為病故，所至必說法度人；以一相不在內外中間故，必言不以文字。其教大略以寂照妙用，攝群品，流注生滅，觀四維上下，不見法，不見身，不見心，乃至心離名字，身等空界，法同夢幻，無得無證，然後謂之解脫。（下略）」（《卍續藏》一三〇．五九九頁）僧璨大師的傳記，雖未見於《續高僧傳》，卻見於《隋書》卷五七（薛道衡傳）等處。（編案：《隋書》未見三祖僧璨相關記載，作者所述僧璨大師生平，可參見《景德傳燈錄》卷三、《佛祖統記》卷二十九等）他在隋文帝開皇十二年（西元五九二年），度沙彌道信，後至廣東惠州府的羅浮山，又還轉到皖公山（安徽省潛山縣西北），寂於隋煬帝大業二年（西元六〇六年）。那正是東魏、西魏、梁、後周、北齊、陳、隋等的王朝興滅起伏，干戈不已的時代，所以三祖僧璨，也就懷道而潛行默化於山水之間，隱居於巖藪而終其一生。

入道方便

四祖道信

一、〈入道安心要方便門〉抄略

（一）

為有緣根熟者，說我此法。要依《楞伽經》，諸佛心第一；又依《文殊說般若經》，一行三昧，即念佛心是佛，妄念是凡夫。《文殊說般若經》云：「文殊師利言：世尊，云何名一行三昧？佛言：法界一相，繫緣法界，是名一行三昧。如法界緣，不退不壞，不思議，無礙無相。善男子善女人，欲入一行三昧，應處空閑，捨諸亂意，不取相貌，繫心一佛，專稱名字。隨佛方所，端身正向，能於一佛，念念相續，即是念中，能見過去、未來、現在諸佛。何以故？念一佛功德無量無邊，亦與無量諸佛功德無二，不思議佛法等無分別，皆乘一如，成最正覺。悉具無量功德無量辨才。如是入一行三昧者，盡知恆沙諸佛法界，無差別相。」

夫身心方寸，舉足下足，常在道場。施為舉動，皆是菩提。《普賢觀經》云：「一切業障海，皆從妄相生，若欲懺悔者，端坐念實相。」是名第一懺。併除三毒心、攀緣心、覺觀心。念佛心心相續，忽然澄寂，更無所緣念。《大品經》云：「無所念者，是名念佛。」何等名無所念？即念佛心名無所念。離心無別有佛，離佛無別有心；念佛即是念心，求心即是求佛。所以者何？識無形，佛無形，佛無相貌。若也知此道理，即是安心。

常憶念佛，攀緣不起，則泯然無相，平等不二。入此位中，憶佛心謝，更不須徵，即看此等心，即是如來真實法性之身，亦名正法，亦名佛性，亦名諸法實性、實際，亦名淨土，亦名菩提、金剛三昧、本覺等，亦名涅槃界、般若等。名雖無量，皆同一體。

亦無能觀所觀之意，如是等心，要令清淨，常現在前，一切諸緣不能干亂。何以故？一切諸事皆是如來一法身故。住是心中，諸結煩惱自然除滅。於一塵中，具無量世界，無量世界集一毛端。於其本事如故，不相妨礙。《華嚴經》

云：「有一經卷，在微塵中，見三千大千世界事。」略舉安心，不可具盡。其中善巧，出自方寸。

(二)

略為後生疑者，假為一問：如來法身若此者，何故復有相好之身，現世說法？

信曰：正以如來法性之身，清淨圓滿，一切像類，悉於中現。而法性身，無心起作，如頗梨鏡，懸在高堂，一切像悉於中現，鏡亦無心，能現種種。經云：「如來現世說法者，眾生妄想故。」今行者若修心盡淨，則知如來常不說法，是乃為具足多聞。聞者一切相也。是以經云：「眾生根有無量故，所以說法無量，說法無量故，義亦名無量義。無量義者，從一法生。」其一法者，則無相也。無相不相，名為實相。則泯然清淨是也。斯之誠言，則為證也。(中略)

何者是禪師？

信曰：不為靜亂所惱者，即是好禪用心人。常住於止，心則沉沒；久住於觀，心則散亂。《法華經》云：「佛自住大乘，如其所得法。定慧力莊嚴，以此度眾生。」

云何能得悟解法相，心得明淨？

信曰：亦不念佛、亦不捉心、亦不看心、亦不計念、亦不思惟、亦不觀行、亦不散亂，直任運，亦不令去，亦不令住，獨一清淨，究竟處，心自明淨。或可諦看，心即得明淨，心如明鏡。或可一年，心更明淨。或可三五年，心更明淨。

或可因人為說，即得悟解。或可永不須說，得解經道。眾生心性，譬如寶珠沒水，水濁珠隱，水清珠顯。為謗三寶，破和合僧，諸見煩惱所汙，貪瞋顛倒所染，眾生不悟，心性本來常清淨。故有學者取悟不同，有如此差別。（中略）

（三）

又古時智敏禪師訓曰：「學道之法，必須解行相扶，先知心之根原，及諸體用，見理分明無惑，然後功業可成。一解千從，一迷萬惑。」失之毫釐，差之千里，此非虛言。

《無量壽經》（案：實為《觀無量壽經》）云：「諸佛法身，入一切眾生心想，是心是佛，是心作佛。」當知佛即是心，心外更無別佛也。

略而言之，凡有五種：

一者，知心體——體性清淨，體與佛同。

二者，知心用——用生法寶，起作恆寂，萬惑皆如。

三者，常覺不停——覺心在前，覺法無相。

四者，常觀身空寂——內外通同，入身於法界之中，未曾有礙。

五者，守一不移——動靜常住，能令學者明見佛性，早入定門。

諸經觀法，備有多種，傅大師所說，獨舉守一不移，先當修身審觀，以身為本。（中略）

又常觀自身，空淨如影，可見不可得，智從影中生，畢竟無處所，不動而應物，變化無有窮。空中生六根，六根亦空寂。所對六塵境，了知是夢幻。如眼見物時，眼中無有物。如鏡照面像，了了極分明。空中現形影，鏡中無一物。當知人面不來入鏡中，鏡亦不往入人面。如此委曲，知鏡之與面，從本已來，不出不入，不來不去，即是如來之義。（中略）如此觀察知，是為觀空寂。（中略）

守一不移者，以此空淨眼，注意看一物，無問晝夜時，專精常不動。其心欲馳散，急手還攝來。如繩繫鳥足，欲飛還掣取。終日看不已，泯然心自定。（中

略）

（四）

若初學坐禪時，於一靜處，真觀身心，四大五陰，（中略）從本以來空寂，不生不滅，平等無二。從本以來無所有，究竟寂滅。從本以來清淨解脫。不問晝夜，行住坐臥，常作此觀。即知自身，猶如水中月，如鏡中像，如熱時炎，如空谷響。（中略）依此行者，無不得入無生正理。

復次，若心緣異境，覺起時即觀起處，畢竟不起。此心緣生時，不從十方來，去亦無所至。常觀攀緣、覺觀、妄識、思想、雜念，亂心不起，即得麁住。若得住心，更無緣慮，即隨分寂定，亦得隨分息諸煩惱。（中略）

（五）

初學坐禪看心，獨坐一處，先端身正坐，寬衣解帶，放身縱體，自按摩七八翻。令腹中嗌氣出盡，即滔然得性清虛恬淨，身心調適然，安心神則，窈窈冥冥，氣息清冷，徐徐斂心，神道清利，心地明淨，觀察分明，內外空淨，即心性寂滅。如其寂滅，則聖心顯矣。性雖無形，志節恆在然，幽靈不竭，常存朗然，是名佛性。見佛性者，永離生死，名出世人。是故《維摩經》云：「豁然還得本心。」信其言也。悟佛性者，名菩薩人，亦名悟道人，亦名識理人，亦名得性人。（中略）

（六）

凡捨身之法，先定空空心，使心境寂淨，鑄想玄寂，令心不移。心性寂定，即斷攀緣，窈窈冥冥，凝淨心虛，則幾泊恬乎，泯然氣盡，住清淨法身，不受後有。若起心失念，不免受生也。此是前定心境，法應如是，此是作法。法本無法，無法之法，始名為法，法則無作。夫無作之法，真實法也。（下略）

（錄自《楞伽師資記》，《大正藏》八五．一二八六頁下——一二八九頁上）

二、方寸論

夫百千法門，同歸方寸。河沙妙德，總在心源。一切戒門、定門、慧門，神通變化，悉自具足，不離汝心。一切煩惱業障，本來空寂，一切因果皆如夢幻。

無三界可出，無菩提可求，人與非人，性相平等。大道虛曠，絕思絕慮。如是之法，汝今已得，更無闕少，與佛何殊，更無別法。汝但任心自在，莫作觀行，亦莫澄心，莫起貪瞋，莫懷愁慮，蕩蕩無礙。任意縱橫，不作諸善，不作諸惡，行住坐臥，觸目遇緣，總是佛之妙用。快樂無憂，故名為佛。

（法融）師（問）曰：心既具足，何者是佛，何者是心？

祖（答）曰：非心不問佛，問佛非不心。

（法融）師（問）曰：既不許作觀行，於境起時，如何對治？

祖（答）曰：境緣無好醜，好醜起於心，心若不強名，妄情從何起？妄情既不起，真心任遍知。汝但隨心自在，無復對治，即名常住法身，無有變異。吾受璨大師頓教法門，今付於汝。

（錄自《景德傳燈錄》卷四，《大正藏》五一．二二七頁上—中）

聖嚴識 四祖道信（西元五八〇—六五一年）在中國禪宗史上，是一位很重要的人物，他繼承了他以前的各種禪觀思想，包括小乘、大乘乃至智顗等的思想，卻未將天台宗那樣的禪觀組織接受下來，反而依《楞伽經》的「佛心」及《文殊說般若經》的一行三昧，主張「念佛心是佛」。又由於道信在江南遊學時，受到大小品《般若經》弘傳的影響，也有教大眾念「摩訶般若波羅蜜」而退賊的傳說。因此，初祖達摩以四卷《楞伽經》印心，六祖惠能以《金剛經》印心的中間，四祖道信是一位承先啟後而將這兩種傾向同時提起的人。

被集於《楞伽師資記》第五篇的〈入道安心要方便門〉，是研究並介紹道信禪思想的最佳資料。從其所引經典名稱內容之廣，可以看出他是一位禪教並重的大師。例如除了上述的《楞伽經》、《文殊說般若經》，尚有《普賢觀經》、《大品般若經》、《法華經》、《華嚴經》、《涅槃經》、《金剛經》、《觀無量壽經》、《維摩經》、《佛遺教經》、《法句經》等，乃至引用老莊而批評老莊，說「莊子猶滯一也」及「老子滯於精識也」。可見他是以道家的「守一」及「窈窈冥冥」為坐禪的入門方便，同時又指出了入門之後，必須揚棄老莊的滯執。莊子說「天地一指，萬物一馬」，是滯於一；老子的「窈兮冥兮，其中有精」，是表示「外雖亡相，內尚存心」。這都不是究竟，但其受到老莊的影響則很顯然。

達摩的二入四行，是偏重於行入的四種行，理入部分的敘述卻不夠多。在道信的

〈入道安心要方便門〉之中，則彌補了達摩所述的不足，偏重於理入方法的介紹，為後世的修行者鋪了從悟理而進禪門的大路。但其雖說「離心無別有佛，離佛無別有心」，「大道虛曠，絕思絕慮」，尚未發揮「不立文字」的禪風，並且可說，他的主要修行方法，仍是止觀的範圍。

從道信的思想體系而論，他說：一旦進入「泯然無相，平等不二」的位置，那便是「真實法性之身」，也名為正法、佛性、實性、實際、淨土、本覺、涅槃界、般若等。又說：由「直觀身心」、「不生不滅，平等無二」，即可入於「無生」法忍的「正理」。可知他是立足於性宗的立場而接受空宗的思想，這正好是天台宗及後世禪宗的態度。

當然，他的〈方寸論〉所表示的，例如講「方寸」、「本來空寂」、「平等」，均與〈入道安心要方便門〉相同。「莫作觀行，亦莫澄心」則較「常住於止，心則沉沒；久住於觀，心則散亂」的說法，更接近於六祖以後的禪宗。至於「不作諸善，不作諸惡」，則與《六祖壇經》所說「不思善，不思惡」的態度相接了。

顯然地，四祖這兩篇文字，均係後人依據傳誦而做成的記錄。從文字結構看，〈方寸論〉比較清晰，〈入道安心要方便門〉文段很長，約有三千五、六百字，頗有段落不清、文義支離之感。可是《楞伽師資記》撰成於西元七二〇年頃，距道信去世（西元六五一年）不過七十年，所以〈入道安心要方便門〉成文的年代較古。《景德傳燈錄》「法融條」中收有道信的〈方寸論〉，《景德傳燈錄》則成於宋真宗景德年間（西元一〇〇四—一〇〇七年）。在《景德傳燈錄》中並沒有「方寸論」這個題目，乃是一段語錄的傳抄。本書根據四祖重視方寸，所以借作文題。

四祖道信的傳記資料，可以參看《續高僧傳》卷二〇附編（《大正藏》冊五〇）、《傳法寶紀》（《大正藏》冊八五）、《曆代法寶記》（《大正藏》冊五一）、《景德傳燈錄》卷三（《大正藏》冊五一）等。他的俗家姓司馬，原籍河內（河南省沁陽市），後遷到蘄州的廣濟縣。七歲出家，五年後到皖公山從三祖僧璨學禪法十年，在道信二十一歲頃，三祖去了羅浮山，道信便度其獨自修行的生活。到了隋煬帝大業年間（西元六〇五—六一八年），道信才為政府承認出家，住到吉州（江西省吉安縣），逢盜賊圍城七十餘日，道信勸大眾念「摩訶般若波羅蜜」，賊才散退。接著在江西的廬山大林寺一住十年，這段時期，使他接觸到了般若及天台宗的禪法。所以他大約在三十歲左右時，即已受到佛教界的尊敬了。後來到了黃梅的雙峰山，一住就是三十餘年，諸州學者，無遠不至。《曆代法寶記》說唐太宗曾四次勅召道信入京，道信均以「辭老不去」，甚至寧可被來使斬頭而去，此心終不去。此為後代禪宗大德不近王臣一個榜樣。同時也將以往的禪師獨自生活於巖壑的風格，轉變成了集合數百人共住一個道場的風氣。此為後來百丈開創叢林做了預備工作。

由於道宣的《續高僧傳》未曾明白地指出道信接法於三祖僧璨，以致近世學者間有人懷疑道信的傳承。其實這是不必置疑的，因為僧璨傳道信，是五祖弘忍門下所公認的。弘忍在世時，一定已有所傳，這才能成立禪宗傳承的系譜。禪與密，極端重視傳承，而且也無法假冒、不許假冒，有德的禪師也不可能假冒。這一點為印順博士所極力強調的。（參見《中國禪宗史》四六—四七頁）

心銘

牛頭法融

心性不生，何須知見。本無一法，誰論熏鍊。往返無端，追尋不見。
一切莫作，明寂自現。前際如空，知處迷宗。分明照境，隨照冥蒙。
一心有滯，諸法不通。去來自爾，胡假推窮。生無生相，生照一同。
欲得心淨，無心用功。縱橫無照，最為微妙。知法無知，無知知要。
將心守靜，猶未離病。生死忘懷，即是本性。至理無詮，非解非纏。
靈通應物，常在目前。目前無物，無物宛然。不勞智鑒，體自虛玄。
念起念滅，前後無別。後念不生，前念自絕。三世無物，無心無佛。
眾生無心，依無心出。分別凡聖，煩惱轉盛。計校乖常，求真背正。
雙泯對治，湛然明淨。不須功巧，守嬰兒行。惺惺了知，見網轉彌。
寂寂無見，暗室不移。惺惺無妄，寂寂明亮。萬象常真，森羅一相。

去來坐立，一切莫執。決定無方，誰為出入。無合無散，不遲不疾。
明寂自然，不可言及。心無異心，不斷貪淫。性空自離，任運浮沉。
非清非濁，非淺非深。本來非古，見在非今。見在無住，見在本心。
本來不存，本來即今。菩提本有，不須用守。煩惱本無，不須用除。
靈知自照，萬法歸如。無歸無受，絕觀忘守。四德不生，三身本有。
六根對境，分別非識。一心無妄，萬緣調直。心性本齊，同居不攜。
無生順物，隨處幽棲。覺由不覺，即覺無覺。得失兩邊，誰論好惡。
一切有為，本無造作。知心不心，無病無藥。迷時捨事，悟罷非異。
本無可取，今何用棄。謂有魔興，言空象備。莫滅凡情，唯教息意。
意無心滅，心無行絕。不用證空，自然明徹。滅盡生死，冥心入理。
開目見相，心隨境起。心處無境，境處無心。將心滅境，彼此由侵。
心寂境如，不遣不拘。境隨心滅，心隨境無。兩處不生，寂靜虛明。
菩提影現，心水常清。德性如愚，不立親疏。寵辱不變，不擇所居。
諸緣頓息，一切不憶。永日如夜，永夜如日。外似頑嚚，內心虛真。
對境不動，有力大人。無人無見，無見常現。通達一切，未嘗不遍。

思惟轉昏，汩亂精魂。將心止動，轉止轉奔。萬法無所，唯有一門。
不入不出，非靜非喧。聲聞緣覺，智不能論。實無一物，妙智獨存。
本際虛沖，非心所窮。正覺無覺，真空不空。三世諸佛，皆乘此宗。
此宗毫末，沙界含容。一切莫顧，安心無處。無處安心，虛明自露。
寂靜不生，放曠縱橫。所作無滯，去住皆平。慧日寂寂，定光明明。
照無相苑，朗涅槃城。諸緣忘畢，詮神定質。不起法座，安眠虛室。
樂道恬然，優遊真實。無為無得，依無自出。四等六度，同一乘路。
心若不生，法無差互。知生無生，現前常住。智者方知，非言詮悟。

（錄自《景德傳燈錄》卷三〇，《大正藏》五一．四五七頁中—四五八頁上）

聖嚴識　牛頭法融（西元五九四—六五七年），是禪宗四祖道信的弟子，他與黃梅東山法門的五祖弘忍並峙，在牛頭山開創牛頭宗。據《續高僧傳》卷二〇記載，他隨三論宗的炅法師出家之時，已遍通經史，出家後，先探空宗的幽頤，宴默於空林二十年，唐太宗貞觀十七年（西元六四三年）住於建康的牛頭山幽棲寺之北巖下，以其慈善感應，蛇、虎、群鹿等禽獸來馴，乃至集於手上而食。當時牛頭山的佛窟寺，藏有七藏經書，佛經、道書、佛經史、俗經史、醫方圖符等，法融經八載，探尋內外諸學，素養大豐。還隱幽棲寺。又據《景德傳燈錄》卷四所記，在貞觀年間，道信入山，見法融，端坐自若，未曾稍顧，道信問他：「在此做什麼？」他答：「觀心。」道信又問：「觀是何人？心是何物？」法融無對，便起作禮，請說心要。道信即為他說了〈方寸論〉。但在道宣的《續高僧傳》中並未記載道信付法給法融的事，在現存資料中，最早提及此事的，是李華所撰的〈潤州鶴林寺故徑山大師碑銘〉（《全唐文》卷三二〇）。這位徑山大師是鶴林玄素，唐玄宗天寶十一年（西元七五二年）圓寂，離法融示寂（西元六五七年）已九十五年。不過法融為道信的別傳，為後代所公認。

從法融的弘化與修行來說，是一位禪教並重的大師，尤其更重於禪悟的學者。到了五十歲時，始在幽棲寺的北巖下，別立禪室。跟從他學禪的有一百多人，後來增加到三百多眾。經常為大眾講《法華經》等。五十九歲時（西元六五二年）受當地宰官的禮請，在建初寺講《大品般若經》，聽眾千餘人。在他去世前一年，再度受請出山，到建初寺講經。

他的著作有〈絕觀論〉、〈心銘〉、《淨名經私記》、《華嚴經私記》、《法華經名相》。現存僧璨的〈信心銘〉與法融的〈心銘〉相對照，可說為姊妹篇，思想相近，所說的問題相近，類似的句子也不少。而〈信心銘〉更為精鍊一些，因此，有人以為〈信心銘〉，是後人依〈心銘〉所作的精治本，至於以之為僧璨所作，只是馬祖派下的傳說。至於〈絕觀論〉，永明延壽的《宗鏡錄》卷九七（《大正藏》四八．九四一頁）引錄了一段，又在敦煌發現了三種抄本，卻未見《宗鏡錄》所引用的那段文字，那是在傳抄流通中的變化，此論為法融所作，應當沒有疑問。

〈修心要論〉節錄

五祖弘忍

一

《十地經》云：眾生身中有金剛佛性，猶如日輪，體明圓滿，廣大無邊。只為五陰黑雲之所覆，如瓶內燈光不能照輝。譬如世間雲霧，八方俱起，天下陰闇，日豈爛也，何故無光？光元不壞，只為雲霧所覆。一切眾生清淨之心，亦復如是，只為攀緣妄念煩惱諸見黑雲所覆。但能凝然守心，妄念不生，涅槃法自然顯現，故知自心本來清淨。

二

行知法要，守心第一。此守心者，乃是涅槃之根本，入道之要門，十二部經之宗，三世諸佛之祖。（中略）

涅槃者，體是寂滅，無為安樂。我心既是真心，妄想則斷；妄想斷故，則具正念；正念具故，寂照智生；寂照智生故，窮達法性；窮達法性故，則得涅槃。故知守本真心，是涅槃之根本。（中略）

乃至舉一手爪，畫佛形像，或造恆沙功德者，只是佛為教導無智慧眾生，作當來勝報之業，及見佛之因。若願自早成佛者，會是守本真心。三世諸佛無量無邊，若有一人不守真心得成佛者，無有是處。故經云：「制心一處，無事不辦。」故知守本真心，是入道之要門也。（中略）

如來於一切經中，說一切罪福、一切因緣果報，成引一切山河大地草木等種種雜物，起無量無邊譬喻，或現無量神通種種變化者，只是佛為教導無智慧眾生，有種種欲心，心行萬差，是故如來隨其心門引入一乘。我既體知眾生佛性，本來清淨，如雲底日。但了然守本真心，妄念雲盡，慧日即現。何須更多學？知見所生死苦，一切義理及三世之事。（中略）《涅槃經》云：「知佛不說法者，是名具足多聞。」故知守本真心，是十二部經之宗也。（中略）

三世諸佛，皆從心性中生，先守真心，妄念不生，我所心滅，後得成佛。故知守本真心，是三世諸佛之祖也。

三

若有初心學坐禪者，依《觀無量壽經》，端坐正念，閉目合口，心前平視，隨意近遠，作一日想，守真心，念念莫住。即善調氣息，莫使乍麁乍細，則令人成病苦。

夜坐禪時，或見一切善惡境界，或入青黃赤白等諸三昧，或見身出大光明，或見如來身相，或見種種變化，但知攝心莫著，並皆是空，妄想而見也。經云：「十方國土，皆如虛空，三界虛幻，唯是一心作。」

若不得定，不見一切境界者，亦不須怪。但於行住坐臥中，常了然守本真心，會是妄念不生，我所心滅，一切萬法不出自心。（中略）若能自識本心，念念磨鍊莫住者，即自見佛性也。（中略）若了此心源者，一切心義自現，一切願具足，一切行滿，一切皆辦，不受後有。會是妄念不生，我所心滅，捨此身已，定得無生不可思議。（中略）好好自安自靜，善調諸根，就視心源，恆令照燎清淨，勿令無記心生。（中略）諸攝心人，為緣外境，麁心小息，內鍊真心，心未清淨時，於行住坐臥中，恆徽意看心，猶未能了了清淨獨照心源，是名無記心也。

四

但能著破衣，飧粗食，了然守本真心，佯癡不解語，最省氣力而能有功，是大精進人也。世間迷人，不解此理，於無明心中，多涉艱辛，廣修相善，望得解脫，乃歸生死。

若了然不失正念，而度眾生者，是有力菩薩。

分明語汝等，守心第一。若不勤守者，甚癡人也。

五

會是信心具足，志願成就，緩緩靜心。更重教汝，好自閑靜身心，一切無所攀緣，端坐正念，善調氣息，懲其心不在內、不在外、不在中間，好好如如穩看，看熟則了見此心識流動，猶如水流、陽焰，曄曄不住。

既見此識時，唯是不內、不外，緩緩如如穩看，看熟則返覆消融，虛凝湛住，其此流動之識，颯然自滅。滅此識者，乃是滅十地菩薩眾中障惑。此識滅已，其心即虛，凝寂淡泊，皎潔泰然。吾更不能說其形狀。汝若欲得者，取《涅槃經》第三卷中〈金剛身品〉，及《維摩經》第三卷〈見阿閦佛品〉，緩緩尋思，細心搜撿熟看。

（錄自〈修心要論〉，《大正藏》四八．三七七—三七九頁）

聖嚴識　五祖弘忍（西元六〇一—六七四年）的傳記資料，最早的是《傳法寶紀》及《楞伽師資記》（《大正藏》冊八五），其次是《神會語錄》（石井光雄藏本）與《曆代法寶記》（《大正藏》冊五一），還有《宋高僧傳》卷八（《大正藏》冊五〇）及《景德傳燈錄》卷三（《大正藏》冊五一）等。

弘忍是黃梅人（今之湖北省黃梅縣），原籍潯陽（今之江西省九江縣），俗姓周。他十二歲（《傳法寶紀》）——一說七歲（《楞伽師資記》）即開始奉事道信禪師。他比道信小了二十三歲。《曆代法寶記》說：弘忍身長八尺，容貌與常人絕殊，一直親近道信達三十年之久，承受雙峰山的禪法。道信去世後，弘忍又在雙峰山之東的憑茂山建寺，住山四十餘年，唐高宗詔其入京，堅辭不赴。接引四方的學者，而被稱為東山法師（《大正藏》五一．一八二頁）。《楞伽師資記》對於弘忍的記載是：「大師俗姓周，其先潯陽人，貫黃梅縣也。父早棄背，養母孝障，七歲奉事道信禪師。自出家，處幽居寺，住度弘愍，懷抱貞純。緘口於是非之場，融心於色空之境。役力以申供養，法侶資其足焉，調心唯務渾儀，師獨明其觀照。四議皆是道場，三業咸偽佛事，蓋靜亂之無二，乃語默之恆一。時四方請益，九眾師橫，虛往實歸，月俞千計。生不矚文而義符玄旨。時荊州神秀禪師，伏膺高軌，親受付囑。玄賾以咸亨元年（西元六七〇年）至雙峰山恭承教誨，敢奉驅馳，首尾五年。」又說：「如吾一生，教人無數，好者並亡，後傳吾道者，只可十耳。我與神秀論《楞伽經》，玄理通快，必多利益；資州智詵、白松山劉主簿，兼有文性；莘州惠藏、隨州玄約，憶不見之；嵩山老安深有道行；潞州法如、韶州惠能、揚州高麗僧智德，此並堪為人師，但一方人物；越州義方，仍便講說。」

《楞伽師資記》是玄賾的弟子淨覺所集，他把神秀推為五祖門下的第一位上足，惠能雖也名列十人之中，卻許為「但一方人物」。這應該是北宗禪的態度。南宗的《六祖壇經》及《神會語錄》便表明了惠能是弘忍之下的唯一心傳。

由《楞伽師資記》對弘忍的介紹說：「其忍大師，蕭然靜坐，不出文記，口說玄理，默授與人。」以及：「生不矚文，而義符玄旨。」看來，五祖並無著作傳世。現存於《大正藏》冊四八及《卍續藏》冊一一〇的〈最上乘論〉，也標明「弘忍禪師述」，此連敦煌發現的本子，有好幾種，或作〈導凡趣聖悟解脫宗修心要論〉，或作〈凡趣聖道悟解真宗修心要論〉。而在《大正藏》及《卍續藏》本，不知何時何故標題為「最上乘論」。事實上〈最上乘論〉的開頭，就是「凡趣聖道悟解真宗修心要論」十二個字。所以本書仍用「修心要論」為其標題。這是後人所集弘忍的語錄，故在其文中也明白地記著——「弟子上來集此論者，直以信心，依文取義」之語。（《大正藏》四八．三七九頁）

《楞伽師資記》又說：「在人間，有《禪法》一本，云是忍禪師說者，謬言也。」（《大正藏》八五．一二八九頁）也許就是指的這部〈修心要論〉，因在《楞伽師資記》所錄慧可的〈略說修道明心要法〉的一段，幾乎與〈修心要論〉的第一大文段大部相同。不論怎樣〈修心要論〉的敦煌本子，也說是「蘄州忍和上」的，乃是一部中國早期禪宗的修行指導書。內容很長，約有三千字，是以答問方式，大致連接，卻不是整體，是編集而非一氣撰成，則顯而易見。本書中僅節錄其重要而對初機修證有指導作用者，大約是全文的一半。雖然在其文首已有警告：「願善知識，如有寫者，用心無令脫錯，恐誤後人。」我還是不得已而做了節錄，有心者，可請尋其原本。

從〈修心要論〉所引經論，實在不能說弘忍是一位「生不矚文」的人，所見經名有

《十地經》、《金剛經》、《心王經》、《維摩經》、《佛遺教經》（引經云：「制心一處，無事不辦」）、《涅槃經》、《法華經》、《觀無量壽經》、《華嚴經》（引經云：「三界虛幻，唯是一心作」），另有論云：「了然守心則妄念不起」，未詳何論。

若以《楞伽經》與《金剛經》並列的觀點看，北宗禪重《楞伽經》，所以《楞伽師資記》特別提到弘忍與神秀論《楞伽經》。那麼〈修心要論〉雖也著重「真心」、「真如」、「自性」，卻未見引用《楞伽經》，而其「守本真心，勝念他佛」的思想，是根據《金剛經》的觀點：「若以色見我，以音聲求我，是人行邪道，不能見如來。」（《大正藏》四八．三七七頁）此與四祖道信所說「繫心一佛，專稱名字」（《大正藏》八五．一二八六頁）的觀點不同。然其教人「凝然守心」、「懲意看心」、「好自閑靜身心」的說法，又與《六祖壇經》的觀點不同，《六祖壇經》不贊成教人「看心觀靜」，而謂：「心若住法，名為自縛。」（《大正藏》四八．三五三頁）可知這部〈修心要論〉，乃是從傳統的禪觀方法，過渡到純粹南宗禪的指導書。其不主張稱名念佛，卻又運用淨土法門之中《觀無量壽經》的「日觀」法。此對初入禪門的人，有大用處。

《六祖壇經》錄要

六祖惠能

一、般若

次日，韋使君請益，師陞座告大眾曰：總淨心念，摩訶般若波羅蜜多。

復云：善知識！菩提般若之智，世人本自有之，只緣心迷，不能自悟，須假大善知識示導見性。當知愚人智人，佛性本無差別，只緣迷悟不同，所以有愚有智。吾今為說摩訶般若波羅蜜法，使汝等各得智慧，志心諦聽，吾為汝說。

善知識！世人終日口念般若，不識自性般若，猶如說食不飽，口但說空，萬劫不得見性，終無有益。

善知識！摩訶般若波羅蜜是梵語，此言大智慧到彼岸。此須心行，不在口念；口念心不行，如幻、如化、如露、如電；口念心行，則心口相應。本性是佛，離性無別佛。何名摩訶？摩訶是大，心量廣大，猶如虛空，無有邊畔，亦無方圓大小，亦非青黃赤白，亦無上下長短，亦無瞋無喜，無是無非，無善無惡，無有頭尾。諸佛刹土，盡同虛空；世人妙性本空，無有一法可得。自性真空，亦復如是。

善知識！莫聞吾說空，便即著空。第一莫著空，若空心靜坐，即著無記空。

善知識！世界虛空，能含萬物色像，日月星宿，山河大地，泉源谿澗，草木叢林，惡人善人，惡法善法，天堂地獄，一切大海，須彌諸山，總在空中。世人性空，亦復如是。

善知識！自性能含萬法是大，萬法在諸人性中。若見一切人惡之與善，盡皆不取不捨，亦不染著，心如虛空，名之為大，故曰摩訶。

善知識！迷人口說，智者心行。又有迷人，空心靜坐，百無所思，自稱為大。此一輩人，不可與語，為邪見故。善知識！心量廣大，遍周法界，用即了了分明，應用便知一切，一切即一，一即一切。去來自由，心體無滯，即是般若。

善知識！一切般若智，皆從自性而生，不從外入。莫錯用意，名為真性自用。一真一切真，心量大事，不行小道。口莫終日說空，心中不修此行，恰似凡人，自稱國王，終不可得，非吾弟子。

善知識！何名般若？般若者，唐言智慧也。一切處所，一切時中，念念不愚，常行智慧，即是般若行；一念愚即般若絕，一念智即般若生。世人愚迷，不見般若，口說般若，心中常愚，常自言，我修般若，念念說空，不識真空。般若無形相，智慧心即是，若作如是解，即名般若智。

何名波羅蜜？此是西國語，唐言到彼岸，解義離生滅。著境生滅起，如水有波浪，即名為此岸；離境無生滅，如水常通流，即名為彼岸。故號波羅蜜。

善知識！迷人口念，當念之時，有妄有非，念念若行，是名真性。悟此法者，是般若法，修此行者，是般若行。不修即凡，一念修行，自身等佛。

善知識！凡夫即佛，煩惱即菩提。前念迷即凡夫，後念悟即佛；前念著境即煩惱，後念離境即菩提。

善知識！摩訶般若波羅蜜，最尊最上最第一，無住無往亦無來，三世諸佛從中出。當用大智慧，打破五蘊煩惱塵勞。如此修行，定成佛道，變三毒為戒定慧。

善知識！我此法門，從一般若，生八萬四千智慧。何以故？為世人有八萬四千塵勞，若無塵勞，智慧常現，不離自性。悟此法者，即是無念、無憶、無著，不起誑妄，用自真如性，以智慧觀照，於一切法，不取不捨，即是見性成佛道。

善知識！若欲入甚深法界，及般若三昧者，須修般若行，持誦《金剛般若經》，即得見性。當知此經功德無量無邊，經中分明讚歎，莫能具說。此法門是最上乘，為大智人說，為上根人說；小根小智人聞，心生不信。何以故？譬如天龍下雨於閻浮提，城邑聚落悉皆漂流，如漂棗葉；若雨大海，不增不減。若大乘人，若最上乘人，聞說《金剛經》，心開悟解，故知本性自有般若之智。自用智慧常觀照故，不假文字，譬如雨水不從天有，元是龍能興致，令一切眾生，一切草木，有情無情，悉皆蒙潤；百川眾流，卻入大海，合為一體。眾生本性般若之智，亦復如是。

善知識！小根之人，聞此頓教，猶如草木根性小者，若被大雨，悉皆自倒，不能增長。小根之人，亦復如是；元有般若之智，與大智人更無差別，因何聞法不自開悟？緣邪見障重，煩惱根深，猶如大雲覆蓋於日，不得風吹，日光不現。般若之智，亦無大小，為一切眾生自心迷悟不同。迷心外見，修行覓佛，未悟自性，即是小根；若開悟頓教，不執外修，但於自心，常起正見，煩惱塵勞，常不能染，即是見性。

善知識！內外不住，去來自由，能除執心，通達無礙，能修此行，與《般若經》本無差別。

善知識！一切修多羅，及諸文字，大小二乘，十二部經，皆因人置，因智慧性，方能建立。若無世人，一切萬法，本自不有，故知萬法，本自人興，一切經書，因人說有。緣其人中，有愚有智；愚為小人，智為大人；愚者問於智人，智者與愚人說法；愚人忽然悟解心開，即與智人無別。

善知識！不悟，即佛是眾生；一念悟時，眾生是佛。故知萬法盡在自心，何不從自心中，頓見真如本性？《菩薩戒經》云：「我本元自性清淨，若識自心見性，皆成佛道。」《淨名經》云：「即時豁然，還得本心。」

善知識！我於忍和尚處，一聞言下便悟，頓見真如本性，是以將此教法流行，令學道者，頓悟菩提。各自觀心，自見本性，若自不悟，須覓大善知識，解最上乘法者，直示正路。是善知識，有大因緣，所謂化導，令得見性。一切善法，因善知識能發起故。三世諸佛，十二部經，在人性中，本自具有，不能自悟，須求善知識，指示方見。若自悟者，不假外求；若一向執謂須他善知識，望得解脫者，無有是處。何以故？自心內有知識自悟。若起邪迷，妄念顛倒，外善知識雖有教授，救不可得。若起正真般若觀照，一剎那間，妄念俱滅。若識自性，一悟即至佛地。

善知識！智慧觀照，內外明徹，識自本心。若識本心，即本解脫；若得解脫，即是般若三昧，即是無念。何名無念？若見一切法，心不染著，是為無念。用即遍一切處，亦不著一切處，但淨本心，使六識出六門，於六塵中，無染、無雜，來去自由，通用無滯，即是般若三昧，自在解脫，名無念行。若百物不思，當令念絕，即是法縛，即名邊見。善知識！悟無念法者，萬法盡通；悟無念法者，見諸佛境界；悟無念法者，至佛地位。

善知識！後代得吾法者，將此頓教法門，於同見同行，發願受持，如事佛故。終身而不退者，定入聖位。然須傳授，從上以來，默傳分付，不得匿其正法。若不同見同行，在別法中，不得傳付。損彼前人，究竟無益，恐愚人不解，謗此法門，百劫千生，斷佛種性。

善知識！吾有一無相頌，各須誦取，在家出家，但依此修。若不自修，惟記吾言，亦無有益。聽吾頌曰：

說通及心通，如日處虛空；唯傳見性法，出世破邪宗。法即無頓漸，
迷悟有遲疾；只此見性門，愚人不可悉。說即雖萬般，合理還歸一；
煩惱闇宅中，常須生慧日。邪來煩惱至，正來煩惱除；邪正俱不用，
清淨至無餘。菩提本自性，起心即是妄；淨心在妄中，但正無三障。
世人若修道，一切盡不妨；常自見己過，與道即相當。色類自有道，
各不相妨惱；離道別覓道，終身不見道。波波度一生，到頭還自懊；
欲得見真道，行正即是道。自若無道心，闇行不見道；若真修道人，
不見世間過。若見他人非，自非卻是左；他非我不非，我非自有過。
但自卻非心，打除煩惱破；憎愛不關心，長伸兩腳臥。欲擬化他人，
自須有方便；勿令彼有疑，即是自性現。佛法在世間，不離世間覺；
離世覓菩提，恰如求兔角。正見名出世，邪見是世間；邪正盡打卻，
菩提性宛然。此頌是頓教，亦名大法船；迷聞經累劫，悟則剎那間。

師復曰：今於大梵寺，說此頓教，普願法界眾生，言下見性成佛。

二、定慧

師示眾云：善知識！我此法門以定慧為本。大眾勿迷，言定慧別；定慧一體，不是二。定是慧體，慧是定用；即慧之時定在慧，即定之時慧在定。若識此義，即是定慧等學。

諸學道人，莫言先定發慧、先慧發定各別，作此見者，法有二相。口說善語，心中不善，空有定慧，定慧不等；若心口俱善，內外一如，定慧即等。自悟修行，不在於諍；若諍先後，即同迷人，不斷勝負，卻增我法，不離四相。

善知識！定慧猶如何等？猶如燈光，有燈即光，無燈即闇，燈是光之體，光是燈之用。名雖有二，體本同一。此定慧法，亦復如是。

師示眾云：善知識！一行三昧者，於一切處，行、住、坐、臥，常行一直心是也。如《淨名經》云：「直心是道場，直心是淨土。」莫心行諂曲，口但說直；口說一行三昧，不行直心。但行直心，於一切法，勿有執著。迷人著法相，執一行三昧。直言常坐不動，妄不起心，即是一行三昧。作此解者，即同無情，卻是障道因緣。

善知識！道須通流，何以卻滯。心不住法，道即通流；心若住法，名為自縛，若言常坐不動是，只如舍利弗宴坐林中，卻被維摩詰訶。

善知識！又有人教坐，看心觀靜，不動不起，從此置功。迷人不會，便執成顛，如此者眾，如是相教，故知大錯。

師示眾云：善知識！本來正教，無有頓漸，人性自有利鈍。迷人漸修，悟人頓契。自識本心，自見本性，即無差別，所以立頓漸之假名。

善知識！我此法門，從上以來，先立無念為宗，無相為體，無住為本。無相者，於相而離相；無念者，於念而無念；無住者，人之本性於世間善、惡、好、醜，乃至冤之與親，言語觸刺、欺爭之時，並將為空，不思酬害，念念之中，不思前境，若前念、今念、後念，念念相續不斷，名為繫縛，於諸法上念念不住，即無縛也，此是以無住為本。

善知識！外離一切相，名為無相；能離於相，即法體清淨。此是以無相為體。

善知識！於諸境上心不染，曰無念。於自念上，常離諸境，不於境上生心。若只百物不思，念盡除卻，一念絕即死，別處受生，是為大錯。學道者思之，若不識法意，自錯猶可，更誤他人，自迷不見，又謗佛經。所以立無念為宗。

善知識！云何立無念為宗？只緣口說見性，迷人於境上有念，念上便起邪見。一切塵勞妄想，從此而生。自性本無一法可得，若有所得，妄說禍福，即是塵勞邪見。故此法門，立無念為宗。

善知識！無者無何事？念者念何物？無者無二相，無諸塵勞之心；念者，念真如本性，真如即是念之體，念即是真如之用。真如自性起念，非眼、耳、鼻、舌能念；真如有性，所以起念，真如若無，眼耳色聲當時即壞。

善知識！真如自性起念，六根雖有見聞覺知，不染萬境，而真性常自在，故經云：「能善分別諸法相，於第一義而不動。」

三、坐禪

師示眾云：此門坐禪，元不著心，亦不著淨，亦不是不動。若言著心，心元是妄，知心如幻，故無所著也。若言著淨，人性本淨，由妄念故蓋覆真如。但無妄想，性自清淨，起心著淨，卻生淨妄，妄無處所，著者是妄。淨無形相，卻立淨相，言是工夫，作此見者，障自本性，卻被淨縛。

動。

善知識！若修不動者，但見一切人時，不見人之是非善惡過患，即是自性不動。

善知識！迷人身雖不動，開口便說他人是、非、長、短、好、惡，與道違背。若著心著淨，即障道也。

師示眾云：善知識！何名坐禪？此法門中，無障無礙。外於一切善惡境界，心念不起，名為坐；內見自性不動，名為禪。

善知識！何名禪定？外離相為禪，內不亂為定。外若著相，內心即亂；外若離相，心即不亂。本性自淨自定，只為見境思境即亂，若見諸境，心不亂者，是真定也。

善知識！外離相即禪，內不亂即定；外禪內定，是為禪定。《菩薩戒經》云：「我本元自性清淨。」善知識！於念念中，自見本性清淨，自修自行，自成佛道。

（錄自《大正藏》四八．三五〇頁上—三五三頁中）

聖嚴識　有關六祖惠能（西元六三八－七一三年）的傳記資料，有《曹溪大師別傳》（《卍續藏》冊一四六）、柳宗元撰〈曹溪第六祖賜謚大鑒禪師碑並序〉（《全唐文》卷五八七）、劉禹錫撰〈曹溪六祖大鑒禪師第二碑〉（《全唐文》卷六一〇）、王維的〈六祖能禪師碑銘〉（《全唐文》卷三二七）、法海的〈六祖大師緣記外記〉（《全唐文》卷九一五〔編案：篇名為〈六祖大師法寶壇經略序〉〕，《大正藏》冊四八）、《六祖大師法寶壇經》（《大正藏》冊四八），宋以來則有道原的《景德傳燈錄》卷五（《大正藏》冊五一）、《佛祖歷代通載》卷一三（《大正藏》冊四九）、《宋高僧傳》卷八（《大正藏》冊五〇）、《祖堂集》卷二（高麗傳本，未入藏經，現有台灣廣文書局影印本）等，各種資料所述，大同小異，其同異出入的考證工夫，已有不少學者做過了，印順長老的《中國禪宗史》，即專闢一章，考訂極為詳盡。另有敦煌本《神會語錄》、《傳法正宗記》卷六、《宗門統要續集》卷二等，均有關於六祖的記述。很足注意的，凡是唐末以前的記載，均將六祖寫為「惠能」，宋代以來如《景德傳燈錄》、《宋高僧傳》，則寫成「慧能」。而現存的《六祖壇經》諸異本，也均用「惠能」而未用「慧能」。

六祖的一生大概是這樣的：他生於廣東省肇慶府的新興縣，俗姓盧，三歲喪父，家中貧寒，大師常以採薪汲水，奉養母親。一日出市，聞誦《金剛經》，竊發出塵之志。唐高宗咸亨年中（西元六七〇—六七四年）至韶陽聽山澗寺的無盡藏尼誦《涅槃經》而為尼解釋。又訪見智遠及惠紀二禪師，知道了五祖弘忍在蘄州黃梅的東禪院，盛弘禪法，因此前往參訪，五祖知其為大器，故意令之入廚房做供養，經八個月，即傳持東山衣缽，使之隱於懷集四會之間，經四年，始於唐高宗儀鳳元年（西元六七六年）至南海法性寺，依印宗法師落髮，智光律師為其授具足戒。第二年移錫韶陽曹溪的寶林寺，聲振四方。刺史韋據請大師於大梵寺樹法幢，又歸曹溪大擊法鼓，道俗歸崇者，接踵而至。神龍元年（西元七〇五年）唐中宗遣內侍薛簡召大師入京師，大師稱病固辭。說法三十多年，以七十六歲高齡示寂。

六祖大師的一生，極為奇特，《禪關策進》所錄空谷隆禪師的話說：「不參自悟，上古或有之，自餘未有不從力參而得悟者。」（《卍續藏》一一四．七一四頁），六祖惠能便是一位不參自悟的曠世利根。從他所留下的《六祖壇經》內容看來，他的確是佛教成為中國化、普及化而又不落世俗化的開創者，無怪乎《六祖壇經》是中國人人人愛讀也是人人應讀的書。

不過《六祖壇經》自古即因流傳太廣，抄本太多，致有異本異說的淆訛現象出現。

早在六祖的及門弟子慧忠所見，即有玉石相混的情形了。慧忠國師說：「吾比遊方，多見此色，近尤盛矣。聚卻三五百眾，目視雲漢，云：是南方宗旨，把他《壇經》改換，添糅鄙譚，削除聖意，惑亂後徒。」（《景德傳燈錄》卷二八）

又有元世祖至元辛卯年（西元一二九一年）夏南海釋宗寶所寫〈六祖大師法寶壇經跋〉中又說：「余初入道，有感於斯，續見三本不同，互有得失。其板亦已漫滅，因取其本校讎，訛者正之，略者詳之，復增入弟子請益機緣，庶幾學者得盡曹溪之旨。按察使雲公從龍深造此道，一日過山房，睹余所編，謂得《壇經》之大全，慨然命工鋟梓，顓為流通。」（《大正藏》四八．三六四頁）

至元二十七年（西元一二九〇年）比丘德異所寫的〈六祖法寶壇經序〉中則說：「惜乎《壇經》為後人節略太多，不見六祖大全之旨。德異幼年嘗見古本，自後遍求三十餘載，近得通上人尋到全文，遂刊於吳中休休禪庵。」（《大正藏》四八．三四六頁）

今收於《大正藏》冊四八的《六祖大師法寶壇經》，註明了係「比丘宗寶編」。此與德異所稱的「全文《壇經》」，是一是異，不太瞭然。現世流通的即是宗寶編的所謂至元本。大家相信這是最完整的版本，也希望是現存最古的本子。而近代學者間對之產生疑議的亦復不少。尤其是發現了敦煌本的《大梵寺施法壇經》之後，學者們相信，如果敦煌本是唐末以前的遺物，那該是現存本中最古的一種了。與宗寶的至元本比較，頗為簡略而未分部門，並且缺少相當於宗寶本中〈第七機緣〉及〈第九宣詔〉的內容。敦煌本《六祖壇經》，現亦被收入《大正藏》冊四八。

宗寶的至元本共分十章，自〈行由第一〉至〈付囑第十〉，儼然是一部佛經的型式，內容相當豐富。所以深獲讀者的喜愛。我編本書目的，不為考證，但求有助於初心者的修證，故仍依據至元本，錄出其中最精要的〈般若第二〉、〈定慧第四〉、〈坐禪第五〉等三章。好在《六祖壇經》的流通極廣，讀者極易求得其全書。

參同契・草庵歌

石頭希遷

一、參同契

竺土大仙心，東西密相付。人根有利鈍，道無南北祖。靈源明皎潔，枝派暗流注。執事元是迷，契理亦非悟。門門一切境，迴互不迴互。迴而更相涉，不爾依位住。色本殊質象，聲元異樂苦。暗合上中言，明明清濁句。四大性自復，如子得其母。火熱風動搖，水濕地堅固。眼色耳音聲，鼻香舌鹹醋，然依一一法，依根葉分布。本末須歸宗，尊卑用其語。當明中有暗，勿以暗相遇。當暗中有明，勿以明相覩。明暗各相對，比如前後步。萬物自有功，當言用及處，事存函蓋合，理應箭鋒拄。承言須會宗，勿自立規矩，觸目不會道，運足焉知路。進步非近遠，迷隔山河固。謹白參玄人，光陰莫虛度。

（錄自《景德傳燈錄》卷三〇，《大正藏》五一．四五九頁中）

二、草庵歌

吾結草庵無寶貝，飯了從容圖睡快。成時初見茆草新，破後還將茆草蓋。
住庵人鎮常在，不屬中間與內外。世人住處我不住，世人愛處我不愛。
庵雖小含法界，方丈老人相體解。上乘菩薩信無疑，中下聞之必生怪。
問此庵壞不壞，壞與不壞主元在。不居南北與東西，基址堅牢以為最。
青松下明窗內，玉殿朱樓未為對。衲被幪頭萬事休，此時山僧都不會。
住此庵休作解，誰誇鋪席圖人買。迴光返照便歸來，廓達靈根非向背。
遇祖師親訓誨，結草為庵莫生退。百年拋卻任縱橫，擺手便行且無罪。
千種言萬般解，只要教君長不昧。欲識庵中不死人，豈離而今這皮袋。

（錄自 1.《景德傳燈錄》卷三〇，《大正藏》五一．四六一頁下。2.《佛祖綱目》卷三一，《卍續藏》一四六．四八九—四九〇頁）

聖嚴識　石頭希遷（西元七〇〇—七九〇年）是六祖惠能的再傳弟子，他是江西青原行思（西元六七一—七四〇年）的法嗣。當時，他與湖南南嶽懷讓（西元六七七—七四四年）門下的馬祖道一（西元七〇九—七八八年），並稱為江（西）湖（南）二甘露門，馳譽禪宗。希遷俗姓陳，廣東肇慶府的高要縣人，幼參曹溪六祖，始發靈機，往來於三峽間，唐玄宗開元十六年（西元七二八年）在廣東的羅浮山受具足戒。後受學並得法於行思門下。行思圓寂後，希遷遊至衡嶽的南寺，即於南寺之東的石台上結庵而居，時人便呼其為石頭和尚。希遷的悟境，據《五燈會元》卷五云：「師（希遷）因看《肇論》，至『會萬物為己者，其唯聖人乎？』師乃拊几曰：『聖人無己，靡所不己；法身無象，誰云自他；圓鑑靈照於其間，萬象體玄而自現；境智非一，孰云去來？至哉斯語也。』因此而作〈參同契〉（《卍續藏》一三八．一六二頁上）。「參同契」本為漢代道家魏伯陽所著道書的書名，該道書是借《易經》的爻象，論述作丹之事，丹成服之即成為長生久視或羽化登仙的仙人了。佛教稱佛為大覺金仙，以修禪定開悟自性而達成佛的目的，希遷所以沿用了道書之名而作〈參同契〉，文中所用「迴互」及「明暗」之意，實即也是沿用爻象以說明修行方法的工具。「明暗」是指清淨的自性及染汙的煩惱，「迴互」是指法法互為因緣，彼此影響。若至有迴互而不以為迴互，有明暗而不受明暗的左右，那便是大覺金仙的佛果境界了。石頭希遷另有一首〈草庵歌〉，從文字表面看，是在描寫他的那間結在石頭上的茅蓬，其實是以之說明現象世界和他內證心境的怡然自得，故也抄錄下來，用饗讀者。

永嘉證道歌・止觀頌

永嘉玄覺

一、永嘉證道歌

君不見，絕學無為閒道人，不除妄想不求真。無明實性即佛性，幻化空身即法身，法身覺了無一物，本源自性天真佛。五陰浮雲空去來，三毒水泡虛出沒。

證實相無人法，剎那滅卻阿鼻業，若將妄語誑眾生，自招拔舌塵沙劫。

頓覺了如來禪，六度萬行體中圓，夢裡明明有六趣，覺後空空無大千。

無罪福無損益，寂滅性中莫問覓，比來塵鏡未曾磨，今日分明須剖析。

誰無念誰無生，若實無生無不生，喚取機關木人問，求佛施功早晚成。

放四大莫把捉，寂滅性中隨飲啄，諸行無常一切空，即是如來大圓覺。

決定說表真僧，有人不肯任情徵，直截根源佛所印，摘葉尋枝我不能。

摩尼珠人不識，如來藏裡親收得，六般神用空不空，一顆圓光色非色。

淨五眼得五力，唯證乃知難可測，鏡裡看形見不難，水中捉月爭拈得。
常獨行常獨步，達者同遊涅槃路，調古神清風自高，貌顇骨剛人不顧。
窮釋子口稱貧，實是身貧道不貧，貧則身常披縷褐，道則心藏無價珍。
無價珍用無盡，利物應機終不悋，三身四智體中圓，八解六通心地印。
上士一決一切了，中下多聞多不信，但自懷中解垢衣，誰能向外誇精進。
從他謗任他非，把火燒天徒自疲，我聞恰似飲甘露，銷融頓入不思議。
觀惡言是功德，此即成吾善知識，不因訕謗起冤親，何表無生慈忍力。
宗亦通說亦通，定慧圓明不滯空，非但我今獨達了，恆沙諸佛體皆同。
師子吼無畏說，百獸聞之皆腦裂，香象奔波失卻威，天龍寂聽生欣悅。
遊江海涉山川，尋師訪道為參禪，自從認得曹谿路，了知生死不相關。
行亦禪坐亦禪，語默動靜體安然，縱遇鋒刀常坦坦，假饒毒藥也閒閒。
我師得見然燈佛，多劫曾為忍辱仙。
幾迴生幾迴死，生死悠悠無定止，自從頓悟了無生，於諸榮辱何憂喜。
入深山住蘭若，岑崟幽邃長松下，優游靜坐野僧家，闃寂安居實蕭灑。
覺即了不施功，一切有為法不同，住相布施生天福，猶如仰箭射虛空。

勢力盡箭還墜，招得來生不如意，爭似無為實相門，一超直入如來地。
但得本莫愁末，如淨瑠璃含寶月，既能解此如意珠，自利利他終不竭。
江月照松風吹，永夜清宵何所為，佛性戒珠心地印，霧露雲霞體上衣。
降龍鉢解虎錫，兩鈷金環鳴歷歷，不是標形虛事持，如來寶杖親蹤跡。
不求真不斷妄，了知二法空無相，無相無空無不空，即是如來真實相。
心鏡明鑒無礙，廓然瑩徹周沙界，萬象森羅影現中，一顆圓光非內外。
豁達空撥因果，莽莽蕩蕩招殃禍，棄有著空病亦然，還如避溺而投火。
捨妄心取真理，取捨之心成巧偽，學人不了用修行，深成認賊將為子。
損法財滅功德，莫不由斯心意識，是以禪門了卻心，頓入無生知見力。
大丈夫秉慧劍，般若鋒兮金剛焰，非但空摧外道心，早曾落卻天魔膽。
震法雷擊法鼓，布慈雲兮灑甘露，龍象蹴踏潤無邊，三乘五性皆醒悟。
雪山肥膩更無雜，純出醍醐我常納。
一性圓通一切性，一法遍含一切法，一月普現一切水，一切水月一月攝。
諸佛法身入我性，我性同共如來合，一地具足一切地，非色非心非行業。
彈指圓成八萬門，剎那滅卻三祇劫。一切數句非數句，與吾靈覺何交涉。

不可毀不可讚，體若虛空勿涯岸，不離當處常湛然，覓即知君不可見。取不得捨不得，不可得中只麼得。

默時說說時默，大施門開無壅塞，有人問我解何宗，報道摩訶般若力。

或是或非人不識，逆行順行天莫測，吾早曾經多劫修，不是等閒相誑惑。

建法幢立宗旨，明明佛勅曹溪是，第一迦葉首傳燈，二十八代西天記。

法東流入此土，菩提達磨為初祖，六代傳衣天下聞，後人得道何窮數。

真不立妄本空，有無俱遣不空空，二十空門元不著，一性如來體自同。

心是根法是塵，兩種猶如鏡上痕，痕垢盡除光始現，心法雙忘性即真。

嗟末法惡時世，眾生福薄難調制，去聖遠兮邪見深，魔強法弱多恐害。

聞說如來頓教門，恨不滅除令瓦碎。

作在心殃在身，不須冤訴更尤人，欲得不招無間業，莫謗如來正法輪。

栴檀林無雜樹，鬱密森沉師子住，境靜林間獨自遊，走獸飛禽皆遠去。

師子兒眾隨後，三歲便能大哮吼，若是野干逐法王，百年妖怪虛開口。

圓頓教勿人情，有疑不決直須爭，不是山僧逞人我，修行恐落斷常坑。

非不非是不是，差之毫釐失千里，是則龍女頓成佛，非則善星生陷墜。

吾早年來積學問，亦曾討疏尋經論，分別名相不知休，入海算沙徒自困；
卻被如來苦訶責，數他珍寶有何益？從來蹭蹬覺虛行，多年枉作風塵客。
種性邪錯知解，不達如來圓頓制，二乘精進勿道心，外道聰明無智慧。
亦愚癡亦小騃，空拳指上生實解，執指為月枉施功，根境法中虛捏怪，
不見一法即如來，方得名為觀自在。了即業障本來空，未了應須還夙債，
饑逢王饍不能飡，病遇醫王爭得瘥。在欲行禪知見力，火中生蓮終不壞，
勇施犯重悟無生，早時成佛于今在。
師子吼無畏說，深嗟懵懂頑皮靼，祇知犯重障菩提，不見如來開祕訣。
有二比丘犯婬殺，波離螢光增罪結，維摩大士頓除疑，猶如赫日銷霜雪。
不思議解脫力，妙用恆沙也無極，四事供養敢辭勞，萬兩黃金亦銷得，
粉骨碎身未足酬，一句了然超百億。
法中王最高勝，恆沙如來同共證，我今解此如意珠，信受之者皆相應。
了了見無一物，亦無人亦無佛，大千沙界海中漚，一切聖賢如電拂，
假使鐵輪頂上旋，定慧圓明終不失。
日可冷月可熱，眾魔不能壞真說，象駕崢嶸謾進途。誰見螳螂能拒轍，

大象不遊於兔徑，大悟不拘於小節，莫將管見謗蒼蒼，未了吾今為君決。

（錄自《大正藏》四八．三九五頁下—三九六頁下）

二、奢摩他頌

恰恰用心時，恰恰無心用，無心恰恰用，常用恰恰無。夫念非忘塵而不息，塵非息念而不忘。塵忘則息念而忘，念息則忘塵而息，忘塵而息，息無能息。息念而忘，忘無所忘，忘無所忘，塵遺非對。息無能息，念滅非知。知滅對遺，一向冥寂。闃爾無寄，妙性天然。如火得空，火則自滅。空喻妙性之非相，火比妄念之不生。其辭曰：「忘緣之後寂寂，靈知之性歷歷，無記昏昧昭昭，契真本空的的。」惺惺寂寂是，無記寂寂非，寂寂惺惺是，亂想惺惺非。若以知知寂，此非無緣知，如手執如意，非無如意手。若以自知知，亦非無緣知，如手自作拳，非是不拳手。亦不知知寂，亦不自知知，不可為無知，自性了然故，不同於木石。手不執如意，亦不自作拳，不可為無手，以手安然故，不同於兔角。

復次修心漸次者，夫以知知物，物在知亦在，若以知知知，知知則離物，物離猶知在，起知知於知。後知若生時，前知早已滅，二知既不並，但得前知滅。

滅處為知境，能所俱非真，前則滅滅引知，後則知知續滅，生滅相續，自是輪迴之道。今言知者，不須知知，但知而已，則前不接滅，後不引起，前後斷續，中間自孤，當體不顧，應時消滅。知體既已滅，豁然如托空，寂爾少時間，唯覺無所得，即覺無覺。無覺之覺，異乎木石。此是初心處。冥然絕慮，乍同死人，能所頓忘，纖緣盡淨，闃爾虛寂，似覺無知。無知之性，異乎木石。此是初心處，領會難為。

入初心時，三不應有：一惡，謂思惟世間五欲等因緣。二善，謂思惟世間雜善等事。三無記，謂善惡不思，闃爾昏住。戒中三應須具：一攝律儀戒，謂斷一切惡。二攝善法戒，謂修一切善。三饒益有情戒，謂誓度一切眾生。定中三應須別：一安住定，謂妙性天然，本自非動。二引起定，謂澄心寂怕，發瑩增明。三辨事定，謂定水凝清萬像斯鑑。慧中三應須別：一人空慧，謂了陰非我，即陰中無我，如龜毛兔角。二法空慧，謂了陰等諸法，緣假非實，如鏡像水月。三空空慧，謂了境智俱空，是空亦空。（中略）

復次初修心人，入門之後，須識五念：一故起、二串習、三接續、四別生、五即靜。故起念者，謂起心思惟世間五欲，及雜善等事。串習念者，謂無心故憶，忽爾思惟善惡等事。接續念者，謂串習忽起，知心馳散，又不制止，更復續前，思惟不住。別生念者，謂覺知前念是散亂，即生慚愧改悔之心。即靜念者，謂初坐時，更不思惟世間善惡，及無記等事，即此作功，故言即靜。串習一念初生者多，接續故起二念懈怠者有，別生一念慚愧者多，即靜一念精進者有。串習、接續、故起、別生四念為病，即靜一念為藥。雖復藥病有殊，總束俱名為念，得此五念停息之時，名為一念相應，一念者靈知之自性也。然五念是一念枝條，一念是五念根本。

復次，若一念相應之時，須識六種料簡：一識病、二識藥、三識對治、四識過生、五識是非、六識正助。

第一病者，有二種：一緣慮、二無記。緣慮者善惡二念也。雖復差殊，俱非解脫，是故總束名為緣慮。無記者雖不緣善惡等事，然俱非真心，但是昏住。此二種名為病。

第二藥者，亦有二種：一寂寂、二惺惺。寂寂謂不念外境善惡等事，惺惺謂不生昏住無記等相。此二種名為藥。

第三對治者，以寂寂治緣慮，以惺惺治昏住。用此二藥，對彼二病，故名對治。

第四過生者，謂寂寂久生昏住，惺惺久生緣慮。因藥發病，故云過生。

第五識是非者，寂寂不惺惺，此乃昏住。惺惺不寂寂，此乃緣慮。不惺惺不寂寂，此乃非但緣慮，亦乃入昏而住。亦寂寂亦惺惺，非唯歷歷，兼復寂寂，此乃還源之妙性也。此四句者，前三句非，後一句是。故云識是非也。

第六正助者，以惺惺為正，以寂寂為助。此之二事，體不相離，猶如病者，因杖而行，以行為正，以杖為助。夫病者欲行，必先取杖，然後方行。修心之人，亦復如是，必先息緣慮，令心寂寂。次當惺惺，不致昏沉，令心歷歷。歷歷寂寂，二名一體，更不異時。譬夫病者欲行，闕杖不可，正行之時，假杖故能行。作功之者，亦復如是，歷歷寂寂，不得異時，雖有二名，其體不別。

又曰：亂想是病，無記亦病。寂寂是藥，惺惺亦藥。寂寂破亂想，惺惺治無記。寂寂生無記，惺惺生亂想。寂寂雖能治亂想，而復還生無記，惺惺雖能治無記，而復還生亂想。故曰：惺惺寂寂是，無記寂寂非；寂寂惺惺是，亂想惺惺非。寂寂為助，惺惺為正。思之。

復次料簡之後，須明識一念之中五陰，謂歷歷分別，明識相應，即是識陰。

領納在心，即是受陰。心緣此理，即是想陰，行用此理，即是行陰，汙穢真性，即是色陰。此五陰者，舉體即是一念，此一念者，舉體全是五陰。歷歷見此一念之中，無有主宰，即人空慧，見如幻化，即法空慧。是故須識此五念及六種料簡。願勿嫌之，如取真金。明識瓦礫，及以偽寶。但盡除之，縱不識金，金體自現，何憂不得。

三、毘婆舍那頌

夫境非智而不了，智非境而不生，智生則了境而生，境了則智生而了。智生而了，了無所了，了境而生，生無能生。生無能生，雖智而非有，了無所了，雖境而非無。無即不無，有即非有，有無雙照，妙悟蕭然。如火得薪，彌加熾盛，薪喻發智之多境，火比了境之妙智。其辭曰：達性空而非縛，雖緣假而無著，有無之境雙照，中觀之心歷落。若智了於境，即是境空智，如眼了花空，是了花空眼；若智了於智，即是智空智，如眼了眼空，是了眼空眼。智雖了境空，及以了智空，非無了境智。境空智猶有，了境智空智，無境智不了。如眼了花空，及以了眼空，非無了花眼。花空眼猶有，了花眼空眼，無花眼不了。

復次一切諸法，悉假因緣，因緣所生，皆無自性，一法既爾，萬法皆然。境智相從，于何不寂，何以故？因緣之法，性無差別，故今之三界，輪迴六道，昇降、淨穢、苦樂，凡聖差殊，皆由三業四儀，六根所對，隨情造業，果報不同，善則受樂，惡則受苦。故經云：「善惡為因，苦樂為果。」當知法無定相，隨緣搆集，緣非我有，故曰性空。空故非異，萬法皆如。故經云：「色即是空，四陰亦爾。」如是則何獨凡類緣生，亦乃三乘聖果，皆從緣有。是故經云：「佛種從緣起。」是以萬機叢湊，達之者，則無非道場，色像無邊，悟之者則無非般若。故經云：「色無邊故，當知般若亦無邊。」何以故？境非智而不了，智非境而不生。智生則了境而生，境了則智生而了。智生而了，了無所了。了境而生，生無能生。生無能生，則內智寂寂。了無所了，則外境如如。如寂無差，境智冥一，萬累都泯，妙旨存焉。故經云：「般若無知，無所不知。」如是則妙旨非知，不知而知矣。

四、優畢叉頌

夫定亂分歧，動靜之源莫二。愚慧乖路，明闇之本非殊。群迷從暗而背明，捨靜以求動。眾悟背動而從靜，捨暗以求明。明生則轉愚成慧，靜立則息亂成定。定立由乎背動，慧生因乎捨暗。暗動連繫於煩籠，靜明相趨於物表。物不能愚，功由於慧，煩不能亂，功由於定。

定慧更資於靜明，愚亂相纏於暗動。動而能靜者，即亂而定也。暗而能明者，即愚而慧也。如是則暗動之本無差，靜明由茲合道，愚亂之源非異，定慧於是同宗。宗同則無緣之慈，定慧則寂而常照。寂而常照則雙與，無緣之慈則雙奪。雙奪故優畢叉，雙與故毘婆、奢摩。以奢摩他故，雖寂而常照。以毘婆舍那故，雖照而常寂。以優畢叉故，非照而非寂。照而常寂，故說俗而即真，寂而常照，故說真而即俗。非寂非照，故杜口於毘耶。

五、觀心十門

復次觀心十門：初則言其法爾，次則出其觀體，三則語其相應，四則警其上慢，五則誡其疎怠，六則重出觀體，七則明其是非，八則簡其詮旨，九則觸途成觀，十則妙契玄源。

第一言其法爾者，夫心性虛通，動靜之源莫二。真如絕慮，緣計之念非殊。惑見紛馳，窮之則唯一寂。靈源不狀，鑒之則以千差。千差不同，法眼之名自立。一寂非異，慧眼之號斯存。理量雙消，佛眼之功圓著。是以三諦一境，法身之理恆清。三智一心，般若之明常照。境智冥合，解脫之應隨機。非縱非橫，圓伊之道玄會。故知三德妙性，宛爾無乖。一心深廣難思，何出要而非路。是以即心為道者，可謂尋流而得源矣。

第二出其觀體者，只知一念即空不空，非空非不空。

第三語其相應者，心與空相應，則譏毀讚譽，何憂何喜。身與空相應，則刀割香塗，何苦何樂。依報與空相應，則施與劫奪，何得何失。心與空不空相應，則愛見都忘，慈悲普救。身與空不空相應，則內同枯木，外現威儀。依報與空不空相應，則永絕貪求，資財給濟。心與空不空非空非不空相應，則實相初明，開佛知見。身與空不空非空非不空相應，則一塵入正受，諸塵三昧起。依報與空不空非空非不空相應，則香台寶閣，嚴土化生。第四警其上慢者，若不爾者，則未相應也。

第五誡其踈怠者，然渡海應須上船，非船何以能渡。修心必須入觀，非觀無以明心。心尚未明，相應何日？思之勿自恃也。

第六重出觀體者，祇知一念即空不空，非有非無，不知即念即空不空，非非有非非無。

第七明其是非者，心不是有，心不是無，心不非有，心不非無。是有是無即墮是，非有非無即墮非。如是祇是，是非之非，未是非是，非非之是。今以雙非破兩是，是破非是，猶是非。又以雙非破兩非，非破非非，即是是。如是祇是非是，非非之是未是。不非不不非，不是不不是。是非之惑，綿微難見，神清慮靜，細而研之。

第八簡其詮旨者，然而至理無言，假文言以明其旨。旨宗非觀，藉修觀以會其宗。若旨之未明，則言之未的，若宗之未會，則觀之未深。深觀乃會其宗，的言必明其旨。旨宗既其明會，言觀何得存存耶。

第九觸途成觀者，夫再演言辭，重標觀體。欲明宗旨無異，言觀有逐方移。移言則言理無差，改觀則觀旨不異。不異之旨即理，無差之理即宗。宗旨一而二名，言觀明其弄引耳。
第十妙契玄源者，夫悟心之士，寧執觀而迷旨。達教之人，豈滯言而惑理。理明則言語道斷，何言之能議？旨會則心行處滅，何觀之能思？心言不能思議者，可謂妙契寰中矣。

（錄自《禪宗永嘉集》，《大正藏》四八．三八九頁中—三九二頁上）

聖嚴識 永嘉玄覺（西元六六五—七一三年）俗姓戴氏，字明道，因其是浙江溫州永嘉地方的人，故稱永嘉大師。他八歲出家，博探三藏，特別精於天台教觀，與左溪玄朗（西元六七三—七五四年）是同門之友。後來自築禪庵，獨居自修，勤於禪觀而以見《維摩經》獲得發明心地。

故與東陽玄策遊方各地，謁見曹溪惠能大師之時，振錫攜瓶，繞著惠能行走三匝之後，立而不禮，惠能即說：「夫沙門者，具三千威儀，八萬細行，大德自何方而來，生大我慢？」玄覺答曰：「生死事大，無常迅速。」惠能問：「何不體取無生，了無速乎？」玄覺答：「體即無生，了本無速。」惠能大師曰：「如是如是。」玄覺始具威儀禮拜，即行告辭。惠能大師稱他「甚得無生之意」故留他住了一宿，故被稱為「一宿覺」。此段事蹟，見於《六祖壇經》流通本第七章。玄覺與六祖之間的關係，不在耳提面命的教導提攜或承事親近，僅是求取以心印心的印證。此在禪宗史上，也是一個特別顯著的例子。

玄覺告別了曹溪，便回溫州永嘉縣的龍興寺禪院，學者輻輳，時號真覺大師。唐玄宗先天二年（西元七一三年）十月十七日，寂於龍興寺的別院，享年僅四十九歲。他的傳記資料，見於《宋高僧傳》、《六祖壇經》、《景德傳燈錄》等。

因為他是以天台宗的止觀法門為基礎修行方法的人，又得惠能的印可而為禪宗的真傳。故從其著作的性質看，〈永嘉證道歌〉是禪宗的心法，〈奢摩他頌〉、〈毘婆舍那頌〉、〈優畢叉頌〉等所說的止、觀、止觀均等，乃是天台宗的架構，性格頗見不同，所以有人懷疑〈永嘉證道歌〉或非出於永嘉之手。但在該歌之中提到他自己：「自從認得曹谿路，了知生死不相關」的話，又不能否定是出自永嘉之手筆了。我們推想，〈永嘉證道歌〉是在他見了惠能之後寫的，其他有關止觀的頌文，是他未見惠能之前寫的，先漸而後頓，理由極為明顯。而他在〈奢摩他頌〉中所說的「惺惺」與「寂寂」的兩個原則，也將是修定者永遠有用的好方法。所以一併將永嘉的幾篇有關禪觀方法的文字，全部收入本書。

〈永嘉證道歌〉在《大正藏》中，有兩見：一為冊四八的三九五及三九六頁的單獨成篇者；另一則在冊五一的四六〇及四六一頁，是被收於《景德傳燈錄》的卷三〇之內。有一卷宋代彥琪的〈證道歌註〉，則被收在《卍續藏》冊一一一。

〈奢摩他頌〉等四篇頌文，原為《禪宗永嘉集》所收十篇文字的一部分，也被列入《大正藏》冊四八。明代的傳燈則為之重編加註而目為《永嘉禪宗集註》共二卷，現亦被收於《卍續藏》冊一一一。傳燈是明末天台宗的一位大師，故以天台的立場來認識永嘉大師的著作。

顯宗記

荷澤神會

無念為宗，無作為本，真空為體，妙有為用。夫真如無念，非想念而能知實相。無生豈色心而能見？無念念者，即念真如；無生生者，即生實相。無住而住，常住涅槃。無行而行，即超彼岸。如如不動，動用無窮。念念無求，求本無念。菩提無得，淨五眼而了三身；般若無知，運六通而弘四智。是知即定無定，即慧無慧，即行無行。性等虛空，體同法界。六度自茲圓滿，道品於是無虧。是知我法體空，有無雙泯，心本無作，道常無念。無念無思無求無得，不彼不此不去不來。體悟三明，心通八解。功成十力，富有七珍。入不二門，獲一乘理。妙中之妙，即妙法身。天中之天，乃金剛慧。湛然常寂，應用無方。用而常空，空而常用。用而不有，即是真空。空而不無，便成妙有。妙有即摩訶般若，真空即清淨涅槃。般若是涅槃之因，涅槃是般若之果。般若無見，能見涅槃。涅槃無生，能生般若。涅槃般若，名異體同。隨義立名，故云法無定相。涅槃能生般若，即名真佛法身。般若能建涅槃，故號如來知見。知即知心空寂，見即見性無生。知見分明，不一不異，故能動寂常妙，理事皆如如。即處處能通達，即理事無礙。六根不染即定慧之功，六識不生即如如之力。心如境謝，境滅心空。心境雙亡，體用不異。真如性淨，慧鑒無窮。如水分千月，能見聞覺知。見聞覺知而常空寂。空即無相，寂即無生。不被善惡所拘，不被靜亂所攝。不厭生死，不樂涅槃。無不能無，有不能有，行住坐臥，心不動搖。一切時中，獲無所得。三世諸佛，教旨如斯。即菩薩慈悲，遞相傳受。自世尊滅後，西天二十八祖，共傳無住之心，同說如來知見，至於達磨，屆此為初，遞代相承，於今不絕。所傳祕教，要藉得人，如王髻珠，終不妄與。福德智慧，二種莊嚴，行解相應，方能建立。衣為法信，法是衣宗。唯指衣法相傳，更無別法。內傳心印，印契本心，外傳袈裟，將表宗旨。非衣不傳於法，非法不受於衣；衣是法信之衣，法是無生之法。無生即無虛妄，乃是空寂之心；知空寂而了法身，了法身而真解脫。

（錄自《景德傳燈錄》卷三〇，《大正藏》五一．四五八頁下—四五九頁中）

聖嚴識　神會（西元六六八—七六〇年）俗姓高氏，湖北省襄陽縣人。自幼先學儒家的五經，並探老莊的勝義，後因覽《漢書》而知佛理，便到國昌寺出家，諷誦群經，過目了了，易如反掌。

根據曹溪本的《六祖壇經》第七章，所載神會禪師參見六祖惠能之時，年僅十三歲，一說十四歲。有一段對話，極有意義：

師曰：「知識遠來艱辛，還將得本來否？若有本則合識主，試說看。」

會曰：「以無住為本，見即是主。」

師曰：「這沙彌，爭合取次語？」

會乃問曰：「和尚坐禪，還見不見？」

師以拄杖打（會）三下，云：「吾打汝，是痛不痛？」

對曰：「亦痛亦不痛。」

師曰：「吾亦見亦不見。」

神會問：「如何是亦見亦不見？」

師云：「吾之所見，常見自心過愆，不見他人是非好惡，是以亦見亦不見。汝言亦痛亦不痛如何？汝若不痛，同其木石，若痛則同凡夫，即起恚恨。汝向前見不見是二邊，痛不痛是生滅，汝自性且不見，敢爾弄人！」

神會禮拜悔謝。（以上一段在敦煌本《六祖壇經》第四十四節亦有類似記述）

一日師告眾曰：「吾有一物，無頭無尾，無名無字，無背無面，諸人還識否？」

神會出曰：「是諸佛之本源，神會之佛性。」

師曰：「向汝道無名無字，汝便喚作本源佛性。汝向去有把茆蓋頭，也只成箇知解宗徒！」（同出於曹溪本《六祖壇經》第七章）

又在流通本《六祖壇經》第十章，記述到六祖大師向眾弟子宣告即將捨報示寂之時，弟子們「悉皆涕泣，惟有神會，神情不動，亦無涕泣。師云：『神會小師，卻得善不善等，毀譽不動，哀樂不生，餘者不得。』」

從以上三段文字所見的神會，是一位聰穎異常的沙彌，而且在六祖圓寂之際，他已修行到了「毀譽不動，哀樂不生」的程度，已是六祖門下弟子中的佼佼者了。也因如此，胡適先生認為《六祖壇經》是出於神會之手。本書不做真偽考證，但做介紹，有益於讀者修行就好。

惠能寂後神會遍尋名跡，唐玄宗開元八年（西元七二〇年），依勅往南陽的龍興寺，嗣後又到洛陽大弘禪法，唐玄宗天寶四年（西元七四五年）七十八歲作〈顯宗記〉，暢演南宗的禪風。本來所謂南頓北漸，惠能與神秀並駕齊名於當世。神會到了洛陽，北宗的神秀門下也就日漸衰微。安祿山造反之際，神會為國家籌款，功德至偉；亂平後，唐肅宗特為他建造荷澤寺，故稱神會所傳的南宗禪而弘於北方者，為荷澤宗。唐肅宗上元元年（西元七六〇年）入寂，世壽九十三歲。《景德傳燈錄》卷五則謂其「俗壽七十五」，若然則天寶元年，他便入寂了。那麼〈顯宗記〉的撰作年代又在何時呢？不管它，它的價值是不會變的。

平常心是道

馬祖道一

一、不修不坐即是禪

江西大寂道一禪師示眾云：道不用修，但莫汙染。何為汙染？但有生死心，造作趣向，皆是汙染。若欲直會其道，平常心是道。謂平常心，無造作、無是非、無取捨、無斷常、無凡無聖。經云：「非凡夫行，非賢聖行，是菩薩行。」只如今，行住坐臥，應機接物，盡是道。道即是法界，乃至河沙妙用，不出法界。若不然者，云何言心地法門？云何言無盡燈？一切法皆是心法，一切名皆是心名，萬法皆從心生，心為萬法之根本。經云：「識心達本，故號沙門。」名等義等，一切諸法皆等，純一無雜。若於教門中得，隨時自在。建立法界，盡是法界；若立真如，盡是真如。若立理，一切法盡是理；若立事，一切法盡是事。舉一千從，理事無別，盡是妙用，更無別理，皆由心之迴轉。

譬如月影有若干，真月無若干；諸源水有若干，水性無若干；森羅萬象有若干，虛空無若干；說道理有若干，無礙慧無若干。種種成立，皆由一心也。建立亦得，掃蕩亦得，盡是妙用。妙用盡是自家，非離真而有立處，立處即真，盡是自家體，若不然者更是何人？

一切法皆是佛法，諸法即解脫，解脫者即真如，諸法不出於真如，行住坐臥，悉是不思議用，不待時節。經云：「在在處處，則為有佛。」

佛是能仁，有智慧，善機情，能破一切眾生疑網，出離有無等縛。凡聖情盡，人法俱空，轉無等輪，超於數量，所作無礙，事理雙通。如天起雲，忽有還無，不留礙跡，猶如畫水成文，不生不滅，是大寂滅。在纏名如來藏，出纏名大法身。法身無窮，體無增減，能大能小，能方能圓，應物現形，如水中月，滔滔運用，不立根栽。不盡有為，不住無為。有為是無為家用，無為是有為家依。不住於依，故云如空無所依。心生滅義，心真如義。

心真如者，譬如明鏡照像。鏡喻於心，像喻諸法。若心取法即涉外因緣，即是生滅義；不取諸法，即是真如義。

聲聞聞見佛性，菩薩眼見佛性，了達無二，名平等性。性無有異，用則不同，在迷為識，在悟為智，順理為悟，順事為迷，迷即迷自家本心，悟即悟自家本性。一悟永悟，不復更迷。如日出時，不合於冥，智慧日出，不與煩惱暗俱。了心及境界，妄想即不生。妄想既不生，即是無生法忍，本有今有，不假修道坐禪。不修不坐，即是如來清淨禪。如今若見此理真正，不造諸業，隨分過生。一衣一鉢，坐起相隨，戒行增熏，積於淨業。但能如是，何慮不通？久立諸人珍重。

（錄自《景德傳燈錄》卷二八，《大正藏》五一．四四〇頁上—中）

二、即心即佛

一日謂眾曰：汝等諸人，各信自心是佛，此心即是佛心。達磨大師從南天竺國來，躬至中華，傳上乘一心之法，令汝等開悟，又引《楞伽經》文，以印眾生心地，恐汝顛倒不自信。此心之法，各各有之，故《楞伽經》云：「佛語心為宗，無門為法門。」又云：「夫求法者，應無所求。」心外無別佛，佛外無別心。

不取善不捨惡，淨穢兩邊俱不依怙，達罪性空，念念不可得，無自性故。

故三界唯心，森羅萬象，一法之所印，凡所見色，皆是見心，心不自心，因色故有。

汝但隨時言說，即事即理，都無所礙，菩提道果亦復如是。於心所生，即名為色。知色空故，生即不生。若了此心，乃可隨時著衣喫飯，長養聖胎，任運過時，更有何事？

汝受吾教，聽吾偈曰：「心地隨時說，菩提亦只寧；事理俱無礙，當生即不生。」

（錄自《景德傳燈錄》卷六，《大正藏》五一．二四六頁上）

三、如何是修道人

僧問：「如何是修道？」曰：「道不屬修，若言修得，修成還壞，即同聲聞，若言不修，即同凡夫。」

又問：「作何見解，即得達道？」祖曰：「自性本來具足，但於善惡事中不滯，喚作修道人。取善捨惡，觀空入定，即屬造作。更若向外馳求，轉疏轉遠。但盡三界心量。一念妄心，即是三界生死根本。但無一念即除生死根本，即得法王無上珍寶。無量劫來，凡夫妄想，諂曲邪偽，我慢貢高，合為一體。故經云：『但以眾法，合成此身。』」

「起時唯法起，滅時唯法滅。此法起時，不言我起，滅時，不言我滅。前念後念中念，念念不相待，念念寂滅，喚作海印三昧，攝一切法。如百千異流，同歸大海，都名海水。住於一味即攝眾味，住於大海即混諸流。如人在大海中浴，即用一切水。」

「所以聲聞悟迷，凡夫迷悟。聲聞不知聖心，本無地位、因果、階級、心量、妄想、修因、證果，住於空定，八萬劫、二萬劫，雖即已悟，悟已卻迷。諸菩薩觀如地獄苦，沉空滯寂，不見佛性。」

「若是上根眾生，忽爾遇善知識指示，言下領會，更不歷於階級地位，頓悟本性。故經云：『凡夫有反覆心而聲聞無』也。對迷說悟，本既無迷，悟亦不立。一切眾生從無量劫來，不出法性三昧，長在法性三昧中著衣、喫飯、言談、祇對。六根運用，一切施為，盡是法性。」

「不解返源，隨名逐相，迷情妄起，造種種業。若能一念返照，全體聖心。汝等諸人，各達自心，莫記吾語。」（下略）

（錄自《江西馬祖道一禪師語錄》，《卍續藏》一一九．八一一頁上—下）

聖嚴識 馬祖道一（西元七〇九—七八八年）俗姓馬，出生於四川省的成都地方，容貌奇異，牛行虎視，引舌能過其鼻。自幼出家，於唐玄宗開元年間（西元七一三—七四一年）習定於南嶽的傳法院，遇惠能的弟子懷讓禪師（西元六七七—七四四年），知道一為法器，見他坐禪，便問：「大德坐禪，圖什麼？」道一說：「圖作佛。」懷讓便取一塊磚頭在道一的庵前磨。道一問：「磨磚作什麼？」懷讓說：「磨磚作鏡子。」道一問：「磨磚豈能成鏡？」懷讓反問：「那麼大德坐禪豈能成佛？」道一問：「如何即是？」懷讓說：「如牛駕車，車不行，打車即是？打牛即是？」道一無對。懷讓告訴他：「汝為學坐禪？為學坐佛？若學坐禪，禪非坐臥；若學坐佛，佛非定相。於無住法，不應取捨。汝若坐佛，即是殺佛；若執坐相，非達其理。」道一聽後，如飲醍醐。（《江西馬祖道一禪師語錄》，《卍續藏》一一九．八一〇頁上）

馬祖開悟後，侍奉懷讓十年，而到江西省南康龔公山，盛弘禪法。曾住乾州、洪州、虎州，或山或廓，廣開法筵，接引禪眾，於是，四方學者雲集，入室弟子一百三十九人，各為一方宗主。故有西天的般若多羅，早就對他的師父懷讓預言：「汝足下出一馬駒，蹋殺天下人。」迄至今日，中國、日本的禪宗，仍多是出於馬祖的系統。

馬祖的「不假修道坐禪」的思想，是從懷讓所示「禪非坐臥」及「坐禪豈能成佛」的觀念而來。再向上推究，其根源則為六祖惠能於《六祖壇經》第九章所云：「道由心悟，豈在坐也。經云：『若言如來若坐若臥，是行邪道。』何故？無所從來，亦無所去，無生無滅，是如來清淨禪。」也可以說，這是他們祖、父、子三代共通的準則。

但是，像這樣的不修道、不坐禪，而只須大善知識來給予指示開悟的頓超法門，實如其所言，只有「上根眾生」始得，對於中下根器的學者，往往會因受到「不修、不坐」的觀念所影響，卻忘記了自己是什麼樣的根器，以致將「汙染」了的生死心，當成了馬祖所說的「平常心」。

心要

清涼澄觀

至道本乎其心，心法本乎無住。無住心體靈知，不昧性相寂然。包含德用，該攝內外。能深能廣，非有非空。不生不滅，無終無始。求之而不得，棄之而不離。迷現量則惑苦紛然，悟真性則空明廓徹。雖即心即佛，唯證者方知。然有證有知則慧日沉沒於有地，若無照無悟則昏雲掩蔽於空門。若一念不生則前後際斷。照體獨立，物我皆如。直造心源，無知無得。不取不捨，無對無修。然迷悟更依真妄相待：若求真去妄，猶棄影勞形；若體妄即真，似處陰影滅。若無心忘照，則萬慮都捐；若任運寂知，則眾行爰起。放曠任其去住，靜鑒覺其源流；語默不失玄微，動靜未離法界。言止則雙亡知寂，論觀則雙照寂知。語證則不可示人，說理則非證不了。是以悟寂無寂，真知無知。以知寂不二之一心，契空有雙融之中道。無住無著，莫攝莫收。是非兩亡，能所雙絕，斯絕亦寂，則般若現前。般若非心外新生，智性乃本來具足。然本寂不能自現，實由般若之功。般若之與智性，翻覆相成；本智之與始修，實無兩體。雙亡正入，則妙覺圓明，始末該融，則因果交徹。心心作佛，無一心而非佛心；處處成道，無一塵而非佛國。故真妄物我，舉一全收；心佛眾生，渾然齊致。是知，迷則人隨於法，法法萬差而人不同；悟則法隨於人，人人一智而融萬境。言窮慮絕，何果何因；體本寂寥，孰同孰異。唯忘懷虛朗，消息沖融。其猶透水月華，虛而可見；無心鑑象，照而常空矣。

（錄自《景德傳燈錄》卷三〇，《大正藏》五一．四五九頁中—下）

聖嚴識　本文原名為〈五台山鎮國大師澄觀答皇太子問心要〉。被收錄於《景德傳燈錄》卷三〇，乃是以華嚴宗的立場，說明的觀心法要。根據《宋高僧傳》所載，此處所稱的皇太子，即是後來在位僅僅一年（西元八〇五年）的唐順宗。

清涼國師澄觀（西元七三八—八三九年）一共住世一百零二歲，但在《宋高僧傳》卷五則說他「以元和年卒，春秋七十餘」。縱然七十餘歲，也是高齡了。有關他的傳記資料很多。他是一位多方修學的高僧，雖以華嚴教義的弘化為他的主要範圍，而被稱為華嚴宗的第四祖。其實他於十一歲依寶林寺霈禪師出家，誦《法華經》；依潤州棲霞寺醴律師學相部律，依曇一（西元六九二—七七一年）學南山律，詣金陵玄璧法師傳三論，就瓦官寺傳《大乘起信論》及《涅槃經》，於法藏賢首大師（西元六四三—七一二年）傳〈海東起信疏義〉，在天竺詵法師門溫習《華嚴》大經，從荊溪湛然法師（西元七一一—七八二年）學天台的《摩訶止觀》，及《法華經》、《維摩經》等經疏，又謁牛頭山惟忠（西元七〇五—七八二年）、徑山道欽（西元七一四—七九二年）及洛陽無名（西元七二二—七九三年）三位禪師學南宗心要，再見慧雲禪師，了北宗玄理。故其自稱：「五地聖人，身證真如，棲心佛境，於後得智中起世俗念，學世間技藝。況吾學地，能忘是心。」所以他泛習經、傳、子、史、小學、蒼雅、天竺悉曇、諸部異執、五明四圍、祕咒儀軌，無不博綜。

清涼國師一生的不可思議的事蹟及神蹟極多，他的著作也極多。被稱為華嚴菩薩，或文殊應化，他的傳法弟子有一百餘人，弟子中之堪講者有千數。他著有《華嚴經疏》六十卷，《華嚴經隨疏演義鈔》九十卷，《華嚴經綱要》三卷，《華嚴法界玄鏡》二卷等。另有《法華經》、《楞伽經》、《圓覺經》、《四分律》、《中觀論》等經論的章疏。可見他是一位不世出的一代大師，對於中國佛教而言，能將世出世間的一切學問匯集而為佛法化世的工具，又能集禪、教（天台、華嚴、三論）、律、密等各類宗旨而熔於一爐的人，中國佛教史上，清涼國師應算是最早而最有功德的大師之一。因此，《景德傳燈錄》的編者道原，也將他的〈心要〉收集在這部禪宗迄今為止仍是最重要的典籍之內。

五階三宗

圭峰宗密

一、禪觀五階

萬行不出六波羅蜜，禪門但是六中之一，當其第五，豈可都目真性為一禪行哉？

然禪定一行最為神妙，能發起性上無漏智慧，一切妙用，萬德萬行，乃至神通光明，皆從定發。故三乘學人，欲求聖道，必須修禪。離此無門，離此無路。至於念佛，求生淨土，亦須修十六觀禪，及念佛三昧，般舟三昧。

又真性則不垢不淨，凡聖無差。禪則有淺有深，階級殊等：謂帶異計，欣上厭下而修者，是外道禪。正信因果，亦以欣厭而修者，是凡夫禪。悟我空偏真之理而修者，是小乘禪。悟我法二空所顯真理而修者，是大乘禪。（原註：上四類皆有四色四空之異也）

若頓悟自心，本來清淨，元無煩惱。無漏智性本自具足，此心即佛，畢竟無異。依此而修者，是最上乘禪，亦名如來清淨禪，亦名一行三昧，亦名真如三昧。此是一切三昧根本，若能念念修習，自然漸得百千三昧。達摩門下展轉相傳者，是此禪也。

達摩未到，古來諸家所解，皆是前四禪八定，諸高僧修之，皆得功用。南岳天台，令依三諦之理，修三止三觀，教義雖最圓妙，然其趣入門戶次第，亦只是前之諸禪行相。唯達摩所傳者，頓同佛體，迥異諸門。故宗習者，難得其旨。得即成聖，疾證菩提；失即成邪，速入塗炭。

（錄自〈禪源諸詮集都序〉卷上之一，《大正藏》四八．三九九頁中）

二、禪門三宗

禪三宗者，一息妄修心宗，二泯絕無寄宗，三直顯心性宗。（中略）

初、息妄修心宗者：說眾生雖本有佛性，而無始無明覆之不見，故輪迴生死。諸佛已斷妄想，故見性了了，出離生死，神通自在。當知凡聖功用不同，外境內心各有分限，故須依師言教，背境觀心，息滅妄念，念盡即覺悟，無所不知。如鏡昏塵，須勤勤拂拭，塵盡明現，即無所不照。又須明解趣入禪境方便，遠離憒鬧，住閑靜處，調身調息，跏趺宴默，舌拄上腭，心注一境。南侁、北秀、保唐、宣什等門下，皆此類也；牛頭、天台、惠稠、求那等，進趣方便，跡即大同，見解即別。

二、泯絕無寄宗者：說凡聖等法，皆如夢幻，都無所有，本來空寂，非今始無。即此達無之智亦不可得，平等法界無佛、無眾生，法界亦是假名。心既不有，誰言法界，無修不修，無佛不佛。設有一法勝過涅槃，我說亦如夢幻，無法可拘，無佛可作，凡有所作，皆是迷妄。如此了達本來無事。心無所寄，方免顛倒，始名解脫。石頭、牛頭，下至徑山，皆示此理。便令心行與此相應，不令滯情於一法上，日久功至，塵習自亡，則於怨親苦樂，一切無礙。因此便有一類道士、儒生、閑僧，汎參禪理者，皆說，此言便為臻極。不知此宗，不但以此言為法。荷澤、江西、天台等門下，亦說此理，然非所宗。

三、直顯心性宗者：說一切諸法，若有若空，皆唯真性。真性無相無為，體非一切，謂非凡非聖、非因非果、非善非惡等。然即體之用而能造作種種，謂能凡、能聖、現色、現相等。於中指示心性，復有二類：

一云，即今能語言動作，貪瞋慈忍，造善惡，受苦樂等，即汝佛性，即此本來是佛，除此無別佛也。了此天真自然，故不可起心修道，道即是心，不可將心還修於心；惡亦是心，不可將心還斷於心。不斷不修，任運自在，方名解脫。性如虛空，不增不減，何假添補，但隨時隨處息業養神，聖胎增長，顯發自然神妙，此即是為真悟、真修、真證也。

二云，諸法如夢，諸聖同說。故妄念本寂，塵境本空，空寂之心，靈知不昧。即此空寂之知，是汝真性，任迷任悟，心本自知，不藉緣生，不因境起。知之一字，眾妙之門。由無始迷之故，妄執身心為我，起貪瞋等念。若得善友開示，頓悟空寂之知，知且無念無形，誰為我相人相？覺諸相空，心自無念。念起即覺，覺之即無，修行妙門，唯在此也。故雖備修萬行，唯以無念為宗。但得無念知見，則愛惡自然淡泊，悲智自然增明，罪業自然斷除，功行自然增進。

既了諸相非相，自然無修之修。煩惱盡時，生死即絕；生滅滅已，寂照現前，應用無窮，名之為佛。然此兩家，皆會相歸性，故同一宗。

然上三宗中，復有遵教、慢教，隨相、毀相，拒外難之門戶，接外眾之善巧，教弟子之儀軌，種種不同，皆是二利行門，各隨其便，亦無所失。但所宗之理，即不合有二，故須約佛和會也。

（錄自〈禪源諸詮集都序〉卷上之二，《大正藏》四八．四〇二頁中—四〇三頁上）

聖嚴識 圭峰大師宗密（西元七八〇—八四一年），被稱為華嚴宗的第五代祖師，實際上他也是唐末中國佛教史上最偉大的一位高僧，他把佛儒二家思想作了融會的努力，也將中國佛教的禪門與教下的分歧，做了融會的努力，分別把對於禪宗的各派及教理研究的各宗，作了層次的類列和全盤的肯定。

看他的傳記資料中所載，他生於四川，在他七至十六、七歲之時專研儒學，十八、九歲至二十一、二歲的三年間，以在家身研究佛學。嗣後又學了兩年儒學。二十五歲出家，在沙彌時代，即因讀《圓覺經》而開悟。二十八歲具戒之後，即連續親近了神會的兩位弟子，其一即是神照禪師（西元七七六—八三八年）。但是他在剃度之後，即讀到了華嚴宗初祖杜順（西元五五七—六四〇年）的《法界觀門》，西元八一〇年又讀到了華嚴四祖澄觀的《華嚴經疏》及《華嚴經隨疏演義鈔》，大為感動，而云：「吾禪遇南宗，教逢圓覺，一言之下，心地開通，一軸之中，義天朗耀。今復得此大法，吾其幸哉！」故其一生，以華嚴宗的綱格為其闡理的依準，又以弘揚《圓覺經》的經義，為其最大的事業，對於禪的弘化，著重在禪的本源，故集有「禪藏」一百卷，名為《禪源諸詮集》。現所存者僅為其一篇〈都序〉。另有〈禪門師資承襲圖〉及〈原人論〉等著述。

一般的禪師所傳著述，多係法語開示及歌頌書函等，少有像圭峰大師這樣，對各家宗派的觀點及方便，做深入的分析類比排列介紹的。所以從〈禪源諸詮集都序〉中抄出兩大段之有關他對於禪的階層及禪宗等級分類的文字，收入本書。

在其禪門三宗的第一及第二的兩宗，均舉出了所指的宗派名稱及其情狀。第三直顯心性宗，未舉何宗何人，但說「復有二類」，所以有加以說明的必要。那即是指的同為南宗禪的南北兩大門庭，一是江西的洪州宗，以馬祖道一為主，另一則是在洛陽弘化的荷澤宗，以神會為中心。馬祖的洪州宗，以為一切行為即是真性的顯現，除此之外不必另求開悟，天真自然才是真悟。神會的荷澤宗，則以為空寂的心，是吾人的真性，得知靈知不昧的知字，乃是眾妙之門。而兩家說法雖不同，會一切相歸一真性的觀點則是相同的。

臨濟宗旨

臨濟義玄

一、四料揀

臨濟初至河北住院，見普化、克符二上座，乃謂曰：「我欲於此建立黃檗宗旨，汝可成褫我。」二人珍重下去。

三日後，普化卻上來問：「和尚三日前說什麼？」濟便打。

三日後，克符上來問：「和尚三日前打普化作什麼？」濟亦打。至晚，小參云：「我有時奪人不奪境，我有時奪境不奪人，我有時人境兩俱奪，我有時人境俱不奪。」又云：「如諸方學人，來山僧此間，作三種根器斷：如中下根器來，我便奪其境而不除其法。如中上根器來，我便境法俱奪。如上上根器來，我便境法俱不奪。如有出格見解人來，山僧此間，便全體作用，不歷根器。」

二、三句

臨濟因僧問：「如何是真佛、真法、真道？」濟云：「佛者，心清淨是；法者，心光明是；道者，處處無礙淨光是。三即一，皆空而無實。如有真正道人，念念心不間斷。達磨大師從西土來，直是覓箇不受人惑底人，後遇二祖，一言便了，始知從前虛用工夫。山僧今日見處，與佛祖無別。若第一句薦得，堪與佛祖為師；若第二句中薦得，堪與人天為師；若第三句中薦得，自救不了。」

第一句　三山來云：「遠。」頌曰：「閉門打瞌睡，未曾睜眼時，遊戲成三昧。」

第二句　三山來云：「近。」頌曰：「嬰兒剛有氣，囡地一聲來，眼耳鼻舌具。」

第三句　三山來云：「差。」頌曰：「取火待鑽燧，燎卻面門毛，到底成何濟。」

三、四賓主

臨濟一日示眾云：「參學人，切須仔細，如賓主相見，便有言論往來。或應物現形，或全體作用，或把機權喜怒，或現半身，或乘獅子，或駕象王。」

「如有真正學人來，他先喝一喝拈出箇膠盆子。善知識不辨是境，便上他境上，做模做樣。學人又喝，前人不肯放下。此是膏肓之病，不堪醫治。喚作賓看主。」

「或是善知識，不拈出物，隨學人問處即奪，學人被奪，抵死不放。此是主看賓。」

「或有學人，應一個清淨境界，出善知識前，善知識辨得是境，把得住，拋向坑裡。學人云：『大好善知識。』善知識即云：『咄哉！不識好惡！』學人便禮拜。此喚作主看主。」

「或有學人，披枷帶鎖，出善知識前，善知識更與安一重枷鎖。學人歡喜，彼此不辨。此喚作賓看賓。」

「大德，山僧所舉，皆是辨魔揀異，知其邪正。」

四、四照用

臨濟一日示眾云：「我有時先照後用，有時先用後照，有時照用同時，有時照用不同時。」

「先照後用，有人在（原註：此『人』指學人而言）。先用後照，有法在（原註：此『法』字指宗師之法而言）。照用同時，驅耕夫之牛，奪饑人之食，敲骨取髓，痛下針錐。照用不同時，有問有答，立賓立主，和泥合水，應機接物。若是過量人，向未舉時撩起便行，猶較些子。」

五、四喝

臨濟一日問僧：「我有時一喝如金剛王寶劍，有時一喝如踞地獅子，有時一喝如探竿影草，有時一喝不作一喝用。汝作麼生會？」僧擬議，師便喝。

三山來云：

（一）金剛寶劍者，言其快利難當，若遇學人，纏腳縛手，葛藤延蔓，情見不忘，便與當頭截斷，不容粘搭。若稍涉思惟，未免喪身失命也。

（二）踞地獅子者，不居窟穴，不立窠臼，威雄蹲踞，毫無依倚，一聲哮吼，群獸腦裂。無你挨拶處，無你迴避處。稍犯當頭，便落牙爪。如香象奔波，無有當者。

（三）探竿影草者，就一喝之中，具有二用。探則勘驗學人見地若何，如以竿探水之深淺，故曰探竿在手。即此一喝，不容窺測，無可摹擬，不待別行一路，已自隱跡迷踪，欺瞞做賊，故曰影草隨身。

（四）一喝不作一喝用者，千變萬化，無有端倪，喚作金剛寶劍亦得，喚作踞地獅子亦得，喚作探竿影草亦得。如神龍出沒，舒卷異常，迎之不見其首，隨之不見其尾。佛祖難窺，鬼神莫覷，意雖在一喝之中，而實出一喝之外。此四喝中之最玄最妙者。

六、八棒

（一）觸令支玄棒——三山來云：如宗師置下一令，學人不知迴避，觸犯當頭，支離玄旨，宗師便打。此是罰棒。

（二）接機從正棒——三山來云：如宗師應接學人，順其來機，當打而打，謂之從正。此不在賞罰之類。

（三）靠玄傷正棒——三山來云：如學人來見宗師，專務奇特造作，倚靠玄妙，反傷正理，宗師直下便打，不肯放過。此亦是罰棒。

（四）印順宗旨棒——三山來云：如學人相見，宗師拈示宗旨，彼能領會，答得相應，宗師便打。此是印證來機，名為賞棒。

（五）取驗虛實棒——三山來云：如學人纔到，宗師便打；或進有語句，宗師亦打。此是辨驗學人虛實，看他有見無見，亦不在賞罰之類。

（六）盲枷瞎棒——三山來云：如宗師家接待學人，不辨學人來機，一味亂打，眼裡無珠，謂之盲瞎。此師家之過，不干學人事。

（七）苦責愚癡棒——三山來云：如學人於此事不曾分曉，其資質見地十分癡愚，不堪策進，宗師勉強打他，是謂苦責愚癡，亦不在賞罰之類。

（八）掃除凡聖棒——三山來云：如宗師家接待往來，不落廉纖，不容擬議，將彼凡情聖解，一併掃除，道得也打，道不得也打，道得道不得也打，直令學人斷卻命根，不存枝葉。乃上上提持，八棒之中用得最妙者。此則名為正棒。

（錄自清代性統編《三山來禪師五家宗旨纂要》卷上，《卍續藏》一一四．五〇八—五一八頁，新文豐印行）

聖嚴識　臨濟義玄（西元？—八六七年）生於山東省大名府的南華地方，自幼聰穎，稟賦異常，以孝聞；好佛教，故於出家受具後，遊學於諸方講肆，博探經論，專精戒律，後來發覺「此濟世之醫方也，非教外別傳之旨」。即更衣遊方。首參黃檗（西元？—八五〇年），次謁大愚。既受黃檗印可，便於唐宣宗大中八年（西元八五四年）到河北鎮州城東南，住於滹沱河近側的一座小院，號為臨濟院。後來，太尉墨君和，捨城中住宅為寺，迎師居之，又名為臨濟。因此遠近慕師求道之士，接踵而至。唐懿宗咸通八年（西元八六七年）四月十日與其門下三聖慧然問答完畢，寂然而逝。門人以全身建塔於大名府西北隅，諡號慧照禪師。門下有三聖慧然、興化存獎（西元八三〇—八八八年）、灌谿志閑等二十餘人。三聖集其語錄編為一卷名為《鎮州臨濟慧照禪師語錄》，行於世，簡稱《臨濟錄》。

臨濟宗旨，即是祖師用來降龍伏虎、應機接人、開爐鍛鍊學人的方法或手段的一些原則。各家宗師均有各自的準則，所以稱為諸家的宗旨。後世的禪門，大都僅存門戶宗旨而少有實質的鍛鍊，所以各家祖師留下的宗旨，反而成了徒有其表的閒家具了。臨濟宗旨，除了本書所錄的六項之外，尚有三玄三要、三哭三笑、七事隨身、六病藥、八大勢、十三種句等。再加上臨濟派下，還有汾陽的三句、四句、三訣、三獅子、十八問，浮山的九帶，黃龍的三關等，真是洋洋大觀。

洞山宗旨

洞山良价

一、寶鏡三昧歌

如是之法，佛祖密付；汝今得之，宜善保護。銀盌盛雪，明月藏鷺。

類之弗齊，混則知處。意不在言，來機亦赴；動成窠臼，差落顧佇。

背觸俱非，如大火聚；但形文彩，即屬染汙；夜半正明，天曉不露。

為物作則，用拔諸苦。雖非有為，不是無語；如臨寶鏡，形影相覩。

汝不是渠，渠正是汝；如世嬰兒，五相完具；不去不來，不起不住。

婆婆和和，有句無句。終不得物，語未正故；重離六爻，偏正回互。

疊而為三，變盡成五；如莖草味，如金剛杵；正中妙挾，敲唱雙舉。

通宗通途，挾帶挾路。錯然則吉，不可犯忤；天真而妙，不屬迷悟。

因緣時節，寂然昭著；細入無間，大絕方所；毫忽之差，不應律呂。

今有頓漸，緣立宗趣。宗趣分矣，即是規矩；宗通趣極，真常流注。外寂中搖，係駒伏鼠；先聖悲之，為法檀度。隨其顛倒，以緇為素。顛倒想滅，肯心自許。要合古轍，請觀前古；佛道垂成，十劫觀樹。如虎之缺，如馬之馵；以有下劣，寶几珍御。以有驚異，黧奴白牯。羿以巧力，射中百步。箭鋒相值，巧力何預，木人方歌，石女起舞。非情識到，寧容思慮，臣奉於君，子順於父；不順非孝，不奉非輔。潛行密用，如愚如魯；但能相續，名主中主。

（錄自《洞山良价禪師語錄》及《禪海十珍》，《卍續藏》一一九．八八六頁及一二六．八八－八九頁）

二、〈玄中銘〉并序

竊以，絕韻之音，假玄唱以明宗，入理深談，以無功而會旨。混然體用，宛轉偏圓。亦猶投刃揮斤，輪扁得手。虛玄不犯，迴互傍參。寄鳥道而寥空，以玄路而該括。然雖空體寂然，不乖群動。於有句中無句，妙在體前。以無語中有語，迴途復妙。是以用而不動，寂而不凝。清風偃草而不搖，皓月普天而非照。

蒼梧不棲於丹鳳，澂潭豈墜於紅輪。獨而不孤，無根永固。雙明齊韻，事理俱融。是以高歌雪曲，和者還稀。布鼓臨軒，何人鳴擊。不達旨妙，難措幽微。儻或用而無功，寂而虛照；事理雙明，體用無滯；玄中之旨，其有斯焉。

大陽門下日日三秋，明月堂前時時九夏。森羅萬象古佛家風，
碧落青霄道人活計。靈苗瑞草野父愁芸，露地白牛牧人懶放。
龍吟枯骨異響難聞，木馬嘶時何人道聽。夜明簾外古鏡徒耀，
空王殿中千光那照。澂源湛水尚棹孤舟，古佛道場猶乘車子。
無影樹下永劫清涼，觸目荒林論年放曠。舉足下足鳥道無殊，
坐臥經行莫非玄路。向道莫去歸來背父，夜半正明天曉不露。
先行不到末後甚過，沒底船子無漏堅固。碧潭水月隱隱難沉，
青山白雲無根卻住。峰巒秀異鶴不停機，靈木迢然鳳無依倚。
徒敲布鼓誰是知音，空擊成聲何人撫掌。胡笳曲子不墮五音，
韻出青霄任君吹唱。

（錄自《洞山良价禪師語錄》，《卍續藏》一一九．九一四頁）

三、新豐吟

古路坦然誰措足，無人解唱還鄉曲。清風月下守株人，涼兔漸遙春草綠。天香襲兮絕芬馥，月色凝兮非照燭。行玄猶是涉崎嶇，體妙因茲背延促。殊不然兮何展縮，縱得然兮混泥玉。獬豸同欄辨者嗤，薰蕕共處須分郁。長天月兮遍谿谷，不斷風兮偃松竹。我今到此得從容，吾師叱我相隨逐。新豐路兮峻仍皾，新豐洞兮湛然沃。登者登兮不動搖，遊者遊兮莫忽速。絕荊榛兮罷釿斸，飲馨香兮味清肅。負重登臨脫屣迴，看他早是空擔鞠。來駕肩兮履芳躅，至澂心兮去凝自。亭堂雖有到人稀，林泉不長尋常木。道不鐫雕非曲顇，郢人進步何瞻矚。工夫不到不方圓，言語不通非眷屬。事不然兮詎冥旭，我不然兮何斷續。慇懃為報道中人，若戀玄關即拘束。

（錄自《洞山良价禪師語錄》，《卍續藏》一一九．九一四—九一五頁）

四、五位君臣頌

（一）正中偏　三更初夜月明前，莫怪相逢不相識，隱隱猶懷舊日嫌。

（二）偏中正　失曉老婆逢古鏡，分明覿面別無真，休更迷頭猶認影。

（三）正中來　無中有路隔塵埃，但能不觸當今諱，也勝前朝斷舌才。

（四）兼中至　兩刃交鋒不須避，好手猶如火裡蓮，宛然自有沖天志。

（五）兼中到　不落有無誰敢和，人人盡欲出常流，折合還歸炭裡坐。

（錄自《洞山良价禪師語錄》，《卍續藏》一一九．八八五頁）

五、功勳五位頌

（一）聖主由來法帝堯，御人以禮曲龍腰。有時鬧市頭邊過，到處文明賀聖朝。（此是「君向臣不共」，是指「正中偏」）

（二）淨洗濃粧為阿誰，子規聲裡勸人歸，百花落盡啼無盡，更向亂峰深處啼。（此是「臣奉君一色」，是指「偏中正」）

（三）枯木花開劫外春，倒騎玉象趁麒麟。而今高隱千峰外，月皎風清好日辰。（此是「君視臣功」，是指「正中來」）

（四）眾生諸佛不相侵，山自高兮水自深。萬別千差明底事，鷓鴣啼處百花新。（此是「臣向君共功」，是指「兼中至」）

（五）頭角纔生已不堪，擬心求佛好羞慚。迢迢空劫無人識，肯向南詢五十三。（此是「君向臣功功」，是指「兼中到」）

（錄自《洞山良价禪師語錄》，並參考《宗門玄鑑圖》，《卍續藏》一一二・九三六頁）

六、介紹洞山五位的思想方法

洞山良价禪師的正偏五位，實在是受了石頭希遷禪師的〈參同契〉中所述陰陽、明暗之回互說的影響，而加以應用的，後來諸家，對於這正偏五位之說，即有了許多的解說。

其中的「正」即是二儀中的陰，表徵著靜、體、空、理、平等、絕對、本覺、真如等的意思。「偏」是二儀中的陽，是表徵著動、用、色、事、差別、相對、不覺、生滅等的意思。故以偏正回互而建立了正中偏等五位之說，以說明法之德用的自在無礙。後來又有人依之而建立了「君臣五位」及「王子五位」等的說法。

（二）曹山元證禪師的君臣五位說

因有僧問五位君臣旨訣，師曰：「正位即空界，本來無物。偏位即色界，有萬象形。正中偏者，背理就事；偏中正者，舍事入理；兼帶者，冥應眾緣，不墮諸有，非染非淨，非正非偏，故曰虛玄大道，無著真宗。從上先德，推此一位，最妙最玄，當詳審辨明。」

「君為正位，臣為偏位，臣向君是偏中正，君視臣是正中偏，君臣道合是兼帶語。」

進云：「如何是君？」師曰：「妙德尊寰宇，高明朗大虛。」

云：「如何是臣？」師曰：「靈機弘聖道，真智利群生。」

云：「如何是臣向君？」師曰：「不墮諸異趣，凝情望聖容。」

云：「如何是君視臣？」師曰：「妙容雖不動，光燭本無偏。」

云：「如何是君臣道合？」師曰：「混然無內外，和融上下平。」

（錄自《撫州曹山元證禪師語錄》，《大正藏》四七．五二七頁上）

（二）石霜楚圓禪師的王子（誕生）五位說

1.誕生王子——是國王所生嫡傳的太子，頓入一色，不借功勳自然成就。相當於正中偏，喻本覺佛性。石霜楚圓的頌云：「天然貴胤本非功，德合乾坤育勢隆。始末一期無雜種，分宮六宅不他宗。上和下睦陰陽順，共氣連枝器量同。欲識誕生王子父，鶴騰霄漢出銀籠。」

2.朝生王子——在外朝，居臣位，雖不能自就君位，卻能為宰相而成君王的輔佐。外紹王族種姓，故亦名為王子。相當於偏中正，喻漸漸修學，悉當成佛。石霜楚圓的頌云：「苦學論情世莫群，出來凡事已超倫。詩成五字三冬雪，筆落分毫四海雲。萬卷積功彰聖代，一心忠孝輔明君。鹽梅不是生知得，金榜何勞顯至動。」

3.末生王子——為天子的末子，雖然久經功勳而仍不得君王之位，遠謝一切而專事內紹。此即臣向君的正中來位，喻漸次用工夫而入於一色。石霜楚圓的頌云：「久棲巖穴用工夫，草榻柴扉守志孤。十載見聞心自委，一身冬夏衣縑無。澄凝含笑三秋思，清苦高名上哲圖。業就巍科酬極志，比來臣相不當途。」

4.化生王子——雖是生於王宮的王子，仍承父王之命，居於臣位，能輔王化。即是君視臣的兼中至位，喻菩薩化度眾生之位。石霜楚圓的頌云：「傍分帝命為傳持，萬里山河布政威。紅影日輪凝下界，碧油風冷暑炎時。高低豈廢尊卑奉，五袴蘇塗遠近知。妙印手持烟塞靜，當陽那肯露纖機。」

5.內生王子——乍生即在君位，其體與父王無異，乃統萬機，臣能輔佐，即是君臣道合的兼中到位。喻理智一如、本來成佛的奧義。石霜楚圓的頌云：「九重深密復何宣，掛敝由來顯妙傳。祇奉一人天地貴，從他諸道自分權。紫羅帳合君臣隔，黃閣簾垂禁制全。為汝方隅官屬戀，遂將黃葉止啼錢。」

（錄自《永覺元賢禪師廣錄》卷二七，《卍續藏》一二五．七一九—七二一頁）

（三）重離六爻與疊三變五說

根據洞山良价禪師的〈寶鏡三昧歌〉所稱：「重離六爻，偏正回互，疊而為三，變盡成五。如荎草味，如金剛杵。」的一段話，《撫州曹山元證禪師語錄》即為之作成黑白五種圓相，表示五位：◓表正中偏，◒表偏中正，◉表正中來，○表兼中至，●表兼中到。

此三疊五變之說是依據重離六爻而來，所謂重離六爻，便是䷝卦，於陰爻陽爻回互疊變而成五卦，好像芷草之具五味，金剛杵之具五股，配於五方五行，而喻顯正偏之五位。

宋代的寂音慧洪禪師對於重離六爻與疊三變五的解釋是這樣的：「离、南方之卦，火也，心之譬也。其爻六劃，回互成五卦，重疊成三卦。如䷝，第二爻三爻四爻，又成一卦，巽也☴。第三爻四爻五爻，又成一卦，兌也☱。此之謂疊為三也。下巽上兌又成一卦，大過也䷛。下兌上巽又成一卦，中孚也䷼。此之謂變成五也。」（《卍續藏》一一一．二三四頁）

正中來	偏（兼）中至	正中偏	偏中正	兼中到
大過	中孚	巽	兌	重离
䷛	䷼	☴	☱	䷝
◒○◓	◓○◒	○○◒	◓○○	●○●

總之，正偏五位之說，在曹洞宗旨而言，極為重要，故在《禪宗正脈》卷七之中，有大陽警玄的五位頌；《投子義青禪師語錄》卷上，有五位頌；《宏智禪師廣錄》卷八，有五位頌；《永覺元賢禪師廣錄》卷二七有洞山五位及五位答問；《三山來禪師五家宗旨纂要》卷中，有燈來禪師的釋及頌。

七、三滲漏

洞山良价禪師對曹山本寂禪師說：

「吾在雲巖先師處，親印寶鏡三昧，事窮的要，今付於汝。」（中略）「末法時代，人多乾慧，若要辨驗真偽，有三種滲漏：一見滲漏，謂機不離位，墮在毒海。二情滲漏，謂滯在向背，見處偏枯。三語滲漏，謂究妙失宗，機昧終始。學者濁智流轉，不出此三種，子宜知之。」

（錄自《洞山良价禪師語錄》，《卍續藏》一一九．八八六頁）

（一）見滲漏

1. 明安云：「謂見滯在所知，若不轉位，即在一色。所言滲漏者，只是可中未盡善，須辨來蹤，始得相續玄機妙用。」

2. 燈來云：「謂見處滯在所知，設有妙悟，亦須吐卻，若不轉位，即坐在一色。所言者，直是語中，未能盡善，知他見有所滯也。」

「如何是見滲漏？三山來云：『直具一隻眼。』又云：『放下著。』頌曰：

『山重重復水重重，萬水千山一目中；若道水山常在目，行人依舊路濛濛。』」

(二) 情滲漏

1. 明安云：「謂情境不圓，滯在取捨；前後偏枯，鑒覺不全。是識浪流轉，途中邊岸事，直須句句中，離二邊，不滯情境。」

2. 燈來云：「謂情境不圓，滯在取捨，不能融通鑒覺，著於一邊。皆是識浪流轉，途中岸邊事。直須句句離卻二邊，不滯情境，方有出身之路。」

「如何是情滲漏？三山來云：『如膠似漆。』又云：『活潑些好。』頌曰：『擔板從來見一邊，何如到處眼雙圓；滿腔繫戀還須吐，一落思量便不堪。』」

(三) 語滲漏

1. 明安云：「體妙失宗者，滯在語路，句失宗旨。機昧終始者，謂當機暗昧，只在語中，宗旨不圓。句句中須是有語中無語，無語中有語，始得妙旨密圓也。」

2. 燈來云：「謂滯語言，句失宗旨，不能於言詮三昧下轉身。所以當機暗味，宗旨不圓。須是通有語中無語，無語中有語，乃得妙旨圓密。」

「如何是語滲漏？三山來云：『倒四顛三。』又云：『道什麼？』頌曰：『有言須是悟無言，開口成雙落二三；況復游揚迷妙義，堪悲堪笑口頭禪。』」

（明安語，錄自《人天眼目》卷三，《大正藏》四八．三一九頁上。燈來語，錄自《五家宗旨纂要》卷中，《卍續藏》一一四．五四〇頁上—下）

八、三路接人

「僧到夾山，山問：『近離甚處？』僧云：『洞山。』夾山云：『洞山有何言句？』僧云：『和尚道：我有三路接人。』夾山云：『有何三路？』僧云：『鳥道、玄路、展手。』」

（錄自《人天眼目》卷三，《大正藏》四八．三一九頁中）

1. 鳥道：「不開口處玄關轉，未措言時鳥道玄。此是不落語言，聲前一句。」
2. 玄路：「寫成玉篆非干筆，刻出金章不是刀。此是玄音妙旨，談而不談。」
3. 展手：「睒眼牙口叮嚀囑，豎拂拈槌仔細傳。此是覿面提持，隨機拈出。」

（錄自《五家宗旨纂要》卷中，《卍續藏》一一四．五四〇頁中）

鳥行於空，鳥道無蹤跡；參學之人，生平受用，亦當如此。玄中之玄、主中之主、向上一路，稱為玄路；參學之人，應當走上此路。展開兩手，方便提示，迎接學者，使之直入甘露之門。洞山良价禪師接應學人的作略，大概如此。

聖嚴識 洞山良价（西元八〇七－八六九年），是浙江省紹興會稽人。自幼出家，二十一歲具戒於嵩山，接著參謁南泉普願（西元七四八－八三四年）、溈山靈祐（西元七七一－八五三年）、雲巖曇晟（西元七八二－八四一年）、魯祖寶雲及南源道明（西元七八〇－八七七年）等，一日過水睹影而大悟，在雲巖曇晟處印可嗣法。唐宣宗大中（西元八四七－八六〇年）末，在新豐山提撕學徒，後移住筠州洞山的普利院，盛弘法化。權開五位，善接三根。年六十三歲，端坐示寂。嗣法弟子有雲居道膺（西元八三五－九〇二年）、曹山本寂（西元八四〇－九〇一年）、龍牙居遁（西元八三五－九二三年）等二十六人。

中國禪宗雖有五家七宗之多，但其傳至今天的僅有臨濟及曹洞兩派。究其原委，因素固多，而在「慶忠鐵壁機老人五宗斷」的幾句話，可能已道出若干端倪：「用臨濟而

不通曹洞，則類野狐。用曹洞而不通臨濟，則落教網。是必濟洞兼通，則雲門、溈仰、法眼，在其中矣。」（《五家宗旨纂要》卷首）

默照禪

宏智正覺

一、坐禪箴

佛佛要機，祖祖機要。不觸事而知，不對緣而照。不觸事而知，其知自微。不對緣而照，其照自妙。其知自微，曾無分別之思。其照自妙，曾無毫忽之兆。曾無分別之思，其知無偶而奇。曾無毫忽之兆，其照無取而了。水清徹底兮，魚行遲遲。空闊莫涯兮，鳥飛杳杳。

（今據日本的《佛書解說大辭典》第四卷所載抄出）

二、宏智禪師語錄十六則

（一）

田地虛曠，是從來本所有者。當在淨治揩磨，去諸妄緣幻習，自到清白圓明之處，空空無像，卓卓不倚。唯廓照本真，遺外境界，所以道：「了了見無一物。」箇田地是生滅不到，淵源澄照之底，能發光能出應。歷歷諸塵，枵然無所偶，見聞之妙，超彼聲色，一切處用無痕、鑑無礙，自然心心法法，相與平出。古人道：「無心體得無心道，體得無心道也休。」進可寺丞，意清坐默。游入環中之妙，是須恁麼參究。

（二）

真實做處，唯靜坐默究，深有所詣，外不被因緣流轉，其心虛則容，其照妙則準。內無攀緣之思，廓然獨存而不昏，靈然絕待而自得。得處不屬情，須豁蕩了無依倚；卓卓自神，始得不隨垢相，箇處歇得。淨淨而明，明而通，便能順應，還來對事，事事無礙。飄飄出岫雲，濯濯流澗月，一切處光明神變，了無滯相，的的相應，函蓋箭鋒相似。更教養得熟、體得穩，隨處歷歷地，絕稜角，勿道理，似白牯貍奴恁麼去，喚作十成底漢。所以道：「無心道者能如此，未得無心也大難。」

（三）

曠遠無畛，清淨發光，其靈而無所礙，其明而無所照，可謂虛而自明，其明自淨，超因緣離能所。其妙而存，其照也廓，又不可以有無言象擬議也。卻於箇裡樞機，旋關捩活，隨應不勤，大用無滯。在一切處，輥輥地不隨緣不墮類，向其間放得穩。在彼同彼，在此同此，彼此混然無分辨處。所以道：「似地擎山，不知山之孤峻，如石含玉，不知玉之無瑕。」若能如是，是真出家，出家輩，是須恁麼體取。

（四）

衲僧家，枯寒心念，休歇餘緣，一味揩磨此一片田地。直是誅鉏盡草莽，四至界畔，了無一毫許汙染。靈而明廓而瑩，照徹體前，直得光滑淨潔，著不得一塵。便與牽轉牛鼻來，自然頭角崢嶸地，異類中行履，了不犯人苗稼。騰騰任運，任運騰騰，無收繫安排處，便是耕破劫空田地底。卻恁麼來，歷歷不昧，處處現成，一念萬年，初無住相。所以道：「心地含諸種，普雨悉皆萌，既悟花情已，菩提果自成。」

（五）

渠非修證，本來具足，他不汙染，徹底清淨。正當具足清淨處，著得箇眼，照得徹脫得盡，體得明踐得穩。生死元無根蒂，出沒元無朕跡，本光照頂，其虛而靈，本智應緣，雖寂而耀。真到無中邊、絕前後，始得成一片。根根塵塵，在在處處，出廣長舌，傳無盡燈，放大光明，作大佛事。元不借他一毫外法，的的是自家屋裡事。

（六）

默默自住，如如離緣，豁明無塵，直下透脫。元來到箇處，不是今日新有底，從舊家曠大劫前，歷歷不昏，靈靈獨耀，雖然恁麼，不得不為。當恁麼為時，直教一毫不生，一塵不翳，枯寒大休，廓徹明白。若休歇不盡，欲到箇境界出生死，無有是處。直下打得透，了無思塵，淨無緣慮，退步撒手，徹底了也，便能發光應世，物物相投，處處恰好。所以道：「法法不隱藏，古今常顯露。」

（七）

諸佛諸祖無異證，俱到箇歇處。三世斷、萬機寂，直下無絲毫許對者，佛靈自照，妙徹根源。識得底裡盡，分身應事，門門放光，物物現影。便知道，盡自箇裡流出。百草頭一切處，了無則箇與我作因作緣，通身徹底恁麼去。

（八）

空無痕跡，照非情塵。光透靜深，杳絕瑕垢，能恁麼自知，恁麼自了。清淨妙明田地，是本所有者，多生不了，只為疑礙昏翳，自作障隔，廓然智游，內忘功勳。直下脫略，去擔荷、去轉身就位，借路著腳。靈機妙運，觸事皆真，更無一毫一塵，是外來物爾。

（九）

默默照處，天宇澄秋，照無照功，光影斯斷，箇是全超真詣底時節。源淨體靈，樞虛機活，歷歷本明。其中發現，便提得出，在事事頭上，恰恰具足，與二儀同，萬象等。坦坦蕩蕩，縱縱横横。天同天，人同人，應其身現其相，而為說法。能如是體得十成，廓然亡所礙者。

（一〇）

淵湛寂默，徹照源底，箇處虛而靈，廓而明，雖有昭然自鑑之像，而無影響相偶。底時窺得破，猶有辨白擔荷之功，更須退步，方詣環中，光發其間。卓卓獨存，卻解借功，名為誕生。斯乃出沒幾微，細細明辨，既能分身，便可御事。

（一一）

有印萬象之印，其印不痕，游世對緣，自有塵塵三昧底受用。其用自沖，不可盈滿。空谷之受雲，寒溪之濯月，不出不在，迢然化外，更能放教無得無向，在在處處，還之舊地，毫髮不曾移動。跛跛挈挈，百醜千拙，鼎鼎地自然圓順。

趙州洗缽、喫茶，不著安排，從來成現。若如是具眼，一一覷得徹，方是箇衲僧做處。

（一二）

田地穩密密處，活計冷湫湫時，便見劫空。無毫髮許作緣累，無絲糝許作障翳，虛極而光，淨圓而耀，歷歷有，亘萬古不昏昧。底一段事，若點頭知有，不隨生滅，不住斷常，要變應則與萬象森羅同其化，要寂住則與二儀蓋載同其道。出沒卷舒，一切在我。本色漢，須恁麼收放始得。

（一三）

觀身實相，觀佛亦然。若端能體得到自己無外境界，則恰恰絕對待、出思議。佛佛心心，精到無二。衲僧默游寂住，虛靈妙通，等太虛度塵劫。卓卓亡倚，明明非思，箇是本所住處。機轉化分，歷世應事。照無功、用無跡，閑雲流水，初不留礙。直教純純穩穩，一切移不得，方不隨夤緣轉也。真實體取。

（一四）

道非祖傳，祖未來時，彌綸周匝，自然空空不痕，靈靈亡偶。獨照出因緣，常活離形穀。所以喚作祖，唯證相應，不可授手。佛佛之到，以此為極，應化分身，花花葉葉。根根塵塵，智入三世。萬機不我攖，一塵不我外。妙出大千經卷，何處更有影事可得。

（一五）

歷歷妙存，靈靈獨照，攬之不得，不可名其有，磨之不泯，不可名其無。出思議之心，離影像之跡，空其所存者妙。妙處體得靈，靈處喚得回。心月身雲，隨方發現。直下沒蹤跡，隨處放光明。應物不乖，入塵不混，透出一切礙境，照破一切法空。於差別緣，入清淨智，游戲三昧，何所不可。當如是真實體究。

（一六）

廓而自靈，淨而自明，能普遍而無取照之功，能分曉而無緣想之累。出有無表，超思議情，唯證相應，不從人得。佛佛祖祖，葉葉花花，聯續底事也。應時不取相，照處不涉緣，便能堂堂不昧。只箇家風，處處現成，任君收拾。

（錄自《宏智禪師廣錄》卷六，《大正藏》四八．七三—七八頁）

聖嚴識　宏智正覺（西元一〇九一—一一五七年）主倡默照禪，與大慧宗杲（西元一〇八九—一一六三年）的宗風相峙。今從《宏智禪師廣錄》卷六，抄出其中有關默照工夫及其禪境的十六則，可以概見默照禪的用功方法及其見處。正覺禪師，山西省隰州人，七歲即能日誦數千言，十一歲出家，十四歲受具足戒，十八歲遊方，到河南省的汝州香山，謁枯木法成（西元一〇七一—一一二八年，芙蓉道楷的法嗣），為成師器重，有省。再參丹霞子淳（西元一〇六四—一一一七年，也是道楷的法嗣），大悟。時年二十三歲。

前後住持天童山景德寺垂三十年。初到時，由於金人侵犯，諸寺皆在謝遣雲遊之人，獨正覺禪師來者不拒，且謂：「明日寇至，寺將一空，即今幸其尚為我有，可不與眾共之乎。」因此，天童舊住眾不滿二百，正覺禪師住山之後，四方學者，爭先來集，數逾一千二百人。知事以道糧將盡相告，師云：「人各有口，非汝憂也。」言未訖而即有嘉禾錢氏航米千斛來寺之訊傳到。師住山期，更為新建寺屋，幾達千間。

正覺禪師一生主倡默照法門，闡揚理事泯融，偏正回互，明暗相即，寂照虛靈，環中虛白之旨，以此石頭希遷及洞山良价以來所定的宗旨，為大乘法門的極則。他在入寂之前，寫下遺偈：「夢幻空花，六十七年。白鳥煙沒，秋水連天。」這是何等蒼茫，何等寂靜，又何等統一的境界呢！這正是正覺禪師的禪境禪風所在。他有一篇〈默照銘〉，收在《宏智禪師廣錄》卷八。用「默照」二字，揭出了體用、理事、空有、明暗、空劫今時、平等差別、絕待相對等的主題，大振洞山的宗風。

省力處

大慧宗杲

一、宗乘七箇樣子

（一）

道由心悟，不在言傳。近年以來學此道者，多棄本逐末，背正投邪。不肯向根腳下推窮，一味在宗師說處著到。縱說得盛水不漏，於本分事上了沒交涉。古人不得已，見學者迷頭認影，故設方便誘引之，令其自識本地風光，明見本來面目而已，初無實法與人。如江西馬祖初好坐禪，後被南嶽讓和尚將甎於他坐禪處磨，馬祖從禪定起問：「磨甎何為？」讓曰：「欲其成鏡耳。」馬祖笑曰：「磨甎豈得成鏡耶？」讓曰：「磨甎既不成鏡，坐禪豈得成佛？」蓋讓和尚嘗問馬祖：「坐禪何圖？」馬祖以求成佛答之。教中所謂先以定動後以智拔。馬祖聞坐禪豈得成佛之語，方始著忙，遂起作禮致敬曰：「如何即是？」讓知其時節因緣已到，始謂之曰：「譬牛駕車，車若不行，打牛即是，打車即是？」又曰：「汝學坐禪，為學坐佛？若學坐禪，禪非坐臥。若學坐佛，佛非定相，於無住法，不應取捨，汝若坐佛，即是殺佛。若執坐相，非達其理。」馬祖於言下忽然領旨。遂問：「如何用心即合無相三昧？」讓曰：「汝學心地法門，如下種子。我說法要，譬彼天澤。汝緣合故，當見其道。」又問：「道非色相，云何能見？」讓曰：「心地法眼能見乎道，無相三昧亦復然矣。」曰：「有成壞否？」讓曰：「若以成壞聚散而見道者非也。」前所云方便誘引，此是從上宗乘中第一箇樣子。妙明居士請依此參。

（二）

昔大珠和尚初參馬祖，祖問：「從何處來？」曰：「越州大雲寺來。」祖曰：「來此擬須何事？」曰：「來求佛法。」祖曰：「自家寶藏不顧，拋家散走作什麼？我這裡一物也無，求什麼佛法。」珠遂作禮問：「那箇是慧海自家寶藏？」祖曰：「即今問我者是汝寶藏。一切具足更無欠少。使用自在何假外求？」

珠於言下識自本心，不由知覺。後住大珠，凡有扣問，隨問而答，打開自己寶藏，運出自己家財，如盤走珠，無障無礙。曾有僧問：「般若大否？」珠曰：「般若大。」曰：「幾許大？」曰：「無邊際。」曰：「般若小否？」曰：「般若小。」曰：「幾許小？」曰：「看不見。」曰：「何處是？」「何處不是？」爾看，他悟得自家寶藏底，還有一星兒實法傳授與人否？妙喜常常說與學此道者，若是真實見道之士，如鐘在虛，如谷應響，大扣大鳴，小扣小應。近代佛法可傷，為人師者，先以奇特玄妙，蘊在胸襟遞相沿襲，口耳傳授以為宗旨。如此之流，邪毒人心，不可治療。古德謂之謗般若人，千佛出世不通懺悔。此是宗門善巧方便誘引學者底第二箇樣子。妙明居士決定究竟，當如此樣子參。

(三)

既辦此心，要理會這一著子。先須立決定志，觸境逢緣，或逆或順，要把得定作得主，不受種種邪說。日用應緣時，常以無常迅速生死二字，貼在鼻孔尖頭上。又如欠了人萬百貫債，無錢還得，被債主守定門戶，憂愁怕怖千思萬量，求還不可得。若常存此心，則有趣向分。若半進半退，半信半不信，不如三家村裡無智愚夫。何以故?為渠百不知百不解,卻無許多惡知惡覺作障礙,一味守愚而已。古德有言:「研窮至理,以悟為則。」近年以來,多有不信悟底宗師,說悟為誑謼人,說悟為建立,說悟為把定,說悟為落在第二頭。披卻師子皮,作野干鳴者,不可勝數。不具擇法眼者,往往遭此輩幻惑,不可不審而思,思而察也。此是宗師指接群迷,令見月亡指底,第三箇樣子。妙明居士,欲跳出生死窟,作是說者名為正說,作他說者名為邪說。思之。

(四)

怕怖生死底疑根拔不盡,百劫千生流浪,隨業受報,頭出頭沒無休息時。苟能猛著精彩,一拔淨盡,便能不離眾生心,而見佛心。若夙有願力,遇真正善知識,善巧方便誘誨,則有甚難處。不見古德有言:「江湖無礙人之心,佛祖無謾人之意。」只為時人過不得,不得道江湖不礙人。佛祖言教雖不謾人,只為學此道者錯認方便,於一言一句中,求玄、求妙、求得、求失,因而透不得,不得道佛祖不謾人。如患盲之人,不見日月光,是盲者過,非日月咎。此是學此道,離文字相、離分別相、離語言相底第四箇樣子。妙明居士思之。

（五）

疑生不知來處、死不知去處底心未忘，則是生死交加。但向交加處，看箇話頭。僧問趙州和尚：「狗子還有佛性也無？」州云：「無。」但將這疑生不知來處、死不知去處底心，移來無字上，則交加之心不行矣。交加之心既不行，則疑生死來去底心將絕矣。但向欲絕未絕處，與之廝崖，時節因緣到來，驀然噴地一下，便了教中所謂絕心生死、止心不善、伐心稠林、浣心垢濁者也。然心何有垢？心何有濁？謂分別善惡雜毒所鍾，亦謂之不善，亦謂之垢濁，亦謂之稠林。若真實得噴地一下，只此稠林，即是栴檀香林，只此垢濁，即是清淨解脫無作妙體，此體本來無染非使然也。分別不生，虛明自照，便是這些道理。此是宗師令學者捨邪歸正底第五箇樣子。妙明居士但只依此參，久久自築著磕著也。

（六）

道無不在，觸處皆真，非離真而立處，立處即真。教中所謂治生產業皆順正理，與實相不相違背。是故龐居士有言：「日用事無別，唯吾自偶諧。頭頭非取捨，處處勿張乖。朱紫誰為號，丘山絕點埃。神通并妙用，運水及搬柴。」然便恁麼認著，不求妙悟，又落在無事甲裡。不見魏府老華嚴有言：「佛法在爾日用處，行住坐臥處，喫粥喫飯處，語言相問處。所作所為舉心動念，又卻不是也。」又真淨和尚有言：「不擬心，一一明妙，一一天真，一一如蓮華不著水。迷自心故作眾生，悟自心故成佛。」然眾生本佛，佛本眾生，由迷悟故有彼此也。又釋迦老子有言：「是法住法位，世間相常住。」又云：「是法非思量分別之所能解。」此亦是不許擬心之異名耳。苟於應緣處，不安排不造作，不擬心思量分別計較，自然蕩蕩無欲無依，不住有為不墮無為，不作世間及出世間想。這箇是日用四威儀中，不昧本來面目底第六箇樣子也。

（七）

本為生死事大，無常迅速，己事未明故，參禮宗師，求解生死之縛，卻被邪師輩添繩添索，舊縛未解而新縛又加。卻不理會生死之縛，只一味理會閑言長語，喚作宗旨，是甚熱大不緊。教中所謂邪師過謬，非眾生咎。要得不被生死縛，但常教方寸虛豁豁地。只以不知生來不知死去底心，時時向應緣處提撕。提撕得熟，久久自然蕩蕩地也。覺得日用處省力時，便是學此道得力處也。得力處省無限力，省力處卻得無限力。這些道理，說與人不得，呈似人不得。省力與得力處，如人飲水冷煖自知。妙喜一生只以省力處指示人，不教人做謎子摶量，亦只如此修行，此外別無造妖揑怪。我得力處他人不知，我省力處他人亦不知。生死心絕他人亦不知，生死心未忘他人亦不知。只將這箇法門，布施一切人，別無玄妙奇特可以傳授。妙明居士決欲如妙喜修行，但依此說，亦不必向外別求道理。真龍行處雲自相隨，況神通光明本來自有。不見德山和尚有言：「汝但無事於心，無心於事，則虛而靈、空而妙。若毛端許言之本末者，皆為自欺。」這箇是學此道要徑底第七箇樣子也。

如上七箇樣子，佛病、法病、眾生病，一時說了。更有第八箇樣子，卻請問取妙圓道人。又代妙圓道人，下一轉語云：「大事為爾，不得小事。」妙明居士自家擔當。

（本文係示妙明居士李知省伯和的法語，共分七段，說明了參禪者的七項須知的事。原載於《大慧普覺禪師語錄》卷二三，《大正藏》四七．九一〇—九一一頁）

二、大慧禪師語錄十五則

（一）

佛是眾生藥，眾生病除，藥亦無用。或病去藥存。入佛境界，而不能入魔境界，其病與眾生未除之病等。病瘥藥除，佛魔俱掃，始於此段大事因緣，有少分相應耳。

（二）

欲空萬法，先淨自心，自心清淨，諸緣息矣。諸緣既息，體用皆如，體即自心清淨之本源，用即自心變化之妙用。入淨入穢，無所染著。若大海之無風，如太虛之雲散，得到如是田地，方可謂之學佛人。未得如是，請快著精彩。

（三）

學道人，十二時中心意識常要寂靜。無事亦須靜坐，令心不放逸，身不動搖，久久習熟，自然身心寧怗，於道有趣向分。寂靜波羅蜜，定眾生散亂妄覺耳。若執寂靜處便為究竟，則被默照邪禪之所攝持矣。

(四)

趙州和尚云：「老僧十二時中，除二時粥飯是雜用心，餘無雜用心處。」此是這老和尚真實行履處。不用作佛法禪道會。

(五)

生從何處來，死向何處去，知得來去處，方名學佛人。知生死底是阿誰？受生死底復是阿誰？不知來去處底又是阿誰？忽然知得來去處底又是阿誰？看此話眼眨眨地理會不得，肚裡七上八下，方寸中如頓卻一團火相似底又是阿誰？若要識，但向理會不得處識取。若便識得，方知生死決定不相干涉。

(六)

趙州狗子無佛性話，喜怒靜鬧處，亦須提撕。第一不得用意等悟，若用意等悟，則自謂我即今迷，執迷待悟，縱經塵劫，亦不能得悟。但舉話頭時，略抖擻精神看，是箇什麼道理。

（七）

近世叢林，邪法橫生，瞎眾生眼者，不可勝數。若不以古人公案舉覺提撕，便如盲人放卻手中杖子，一步也行不得。將古德入道因緣，各分門類云：這幾則是道眼因緣，這幾則是透聲色因緣，這幾則是亡情因緣。從頭依次第逐，則摶量卜度，下語商量。縱有識得此病者，將謂佛法禪道，不在文字語言上，即一切撥置。噇卻現成粥飯了，堆堆地坐在黑山下鬼窟裡，喚作默而常照，又喚作如大死底人，又喚作父母未生時事，又喚作空劫已前事，又喚作威音那畔消息。坐來坐去，坐得骨臀生胝，都不敢轉動，喚作工夫相次純熟。卻將許多閑言長語，從頭作道理商量，傳授一遍，謂之宗旨。方寸中依舊黑漫漫地。本要除人我，人我愈高，本要滅無明，無明愈大。殊不知，此事唯親證親悟，始是究竟，纔有一言半句作奇特解、玄妙解、祕密解、可傳可授，便不是正法。正法無傳無授，唯我證爾證。眼眼相對，以心傳心。令佛祖慧命相續不斷，然後推己之餘，為物作則。

（八）

在當人日用二六時中，如水銀落地，大底大圓，小底小圓。不用安排，不假造作，自然活鱍鱍地，常露現前。正當恁麼時，方始契得一宿覺所謂：「不見一法即如來，方得名為觀自在。」苟未能如是，且暫將這作聰明說道理底，置在一邊。卻向沒撈摸處，沒滋味處，試撈摸咬嚼看，撈摸來撈摸去，咬嚼來咬嚼去，忽然向沒滋味處咬著舌頭，沒撈摸處打失鼻孔，方知趙州老人道：「未出家時被菩提使，出家後使得菩提。有時拈一莖草作丈六金身，有時將丈六金身卻作一莖草用。」建立亦在我，掃蕩亦在我，說道理亦在我，不說道理亦在我，我為法王，於法自在，說即有若干，不說即無若干，得如是自在了，何適而不自得。

（九）

近世士大夫多欲學此道，而心不純一者，病在雜毒入心。雜毒既入其心，則觸途成滯，觸途成滯，則我見增長，我見增長，則滿眼滿耳只見他人過失。殊不能退步略自檢察看，逐日下得床來，有甚利他利己之事？能如是檢察者，謂之有智慧人。趙州云：「老僧逐日除二時粥飯是雜用心，餘外更無雜用心處。」且道，這老漢在甚處著到？若於這裡識得他面目，始可說：「行亦禪、坐亦禪，語默動靜體安然。」未能如是，當時時退步向自己腳跟下子細推窮，我能知他人好惡長短底，是凡是聖？是有是無？推窮來推窮去，到無可推窮處，如老鼠入牛角，驀地偷心絕，則便是當人四楞塌地，歸家穩坐處。

（一〇）

士大夫學此道，多求速效。宗師未開口時，早將心意識領解了也。及乎緩緩地根著，一似落湯螃蟹，手忙腳亂無討頭處。殊不知閻家老子面前，受鐵棒、吞熱鐵圓者，便是這領解。求速效者更不是別人。所謂希得返失，務精益麁，如來說為可憐愍者。

（一一）

真勇猛精進勝丈夫所為，願猛著精彩，努力向前，說處行處已不錯，但少噴地一下而已。若有進無退，日用二六時中，應緣處不間斷，則噴地一下亦不難。然第一不得存心在噴地一下處，若有此心，則被此心障卻路頭矣。但於日用應緣處不昧，則日月浸久，自然打成一片。何者為應緣處？喜時怒時、判斷公事時、與賓客相酬酢時、與妻子聚會時、心思善惡時、觸境遇緣時，皆是噴地一發時節。千萬記取，千萬記取！世間情念起時，不必用力排遣，前日已曾上聞。但只舉僧問趙州：「狗子還有佛性也無？」州云：「無。」纔舉起這一字，世間情念自怗怗地矣。多言復多語，由來返相誤。千說萬說，只是這些子道理，驀然於「無」字上絕卻性命，這些道理亦是眼中花。

（一二）

大丈夫漢，決欲究竟此一段大事因緣，一等打破面皮，性燥豎起脊梁骨，莫順人情，把自家平昔所疑處，貼在額頭上。常時一似欠了人萬百貫錢，被人追索，無物可償，生怕被人恥辱。無急得急，無忙得忙，無大得大底，一件事方有趣向分。若道：我世間文字至於九經十七史諸子百家，古今興亡治亂，無有不知，無有不會，只有禪一般，我也要知，我也要會。自無辨邪正底眼，驀地撞著一枚。杜撰禪和，被他狐媚。如三家村裡傳口令，口耳傳授，謂之過頭禪，亦謂之口鼓子禪。把他古人糟粕，遞相印證。一句來一句去，末後我多得一句時，便喚作贏得禪了也。殊不肯退步，以生死事在念，不肯自疑，愛疑他人。

（一三）

晝三夜三孜孜矻矻，茶裡飯裡喜時怒時，淨處穢處，妻兒聚頭處，與賓客相酬酢處，辦公家職事處，了私門婚嫁處，都是第一等做工夫提撕舉覺底時節。昔李文和都尉，在富貴叢中，參得禪，大徹大悟。楊文公參得禪時，身居翰苑。張無盡參得禪時，作江西轉運使。只這三大老，便是箇不壞世間相，而談實相底樣子也。又何曾須要去妻孥休官罷職咬菜根，苦形劣志避喧求靜，然後入枯禪鬼窟裡作妄想方得悟道來。

（一四）

既已知有此段大事因緣，決定不從人得，則便好頓捨外塵。時時向自己腳跟下推窮，推來推去，內不見有能推之心，外不見有所推之境，淨裸裸赤灑灑沒可把。如水上放葫蘆，無人動著，常蕩蕩地拘牽他不得，惹絆他不得，撥著便動觸著便轉。如是自在、如是瞥脫、如是靈聖。不與千聖同途，不與衲僧借借，直能號令佛祖，佛祖號令他不得。當人知是般事，便好猛著精彩，向百尺竿頭快進一步。如進得這一步，則不異善財童子，於普賢毛孔剎中，行一步過不可說不可說佛剎微塵數世界。如是而行，盡未來劫，猶不能知一毛孔中剎海次第、剎海藏、剎海差別、剎海普入、剎海成、剎海壞、剎海莊嚴，所有邊際。似這般境界，亦不是外邊起心用意，修證得來，只是當人腳跟下本來具足底道理耳。不見德山和尚有言：「汝但無事於心，無心於事，則虛而靈空而妙。若毛端許言之本末者，皆為自欺。何故？毫氂繫念三塗業因，瞥爾情生萬劫羈鎖。聖名凡號盡是虛聲，殊相劣形皆為幻色。汝欲求之得無累乎？及其厭之又成大患。」

（一五）

常以生不知來處、死不知去處二事，貼在鼻孔尖上。茶裡飯裡靜處鬧處，念念孜孜常似欠卻人，萬百貫錢債無所從出。心胸煩悶回避無門，求生不得求死不得。當恁麼時，善惡路頭相次絕也，覺得如此時，正好著力。只就這裡看箇話頭，僧問趙州：「狗子還有佛性也無？」州云：「無。」看時不用摶量、不用註解、不用要得分曉、不用向開口處承當、不用向舉起處作道理、不用墮在空寂處、不用將心等悟、不用向宗師說處領略、不用掉在無事甲裡。但行住坐臥，時時提撕：「狗子還有佛性也無？」「無」提撕得熟，口議心思不及，方寸裡七上八下，如咬生鐵橛，沒滋味時，切莫退志，得如此時，卻是箇好底消息。不見古德有言：「佛說一切法，為度一切心，我無一切心，何用一切法。」

（本文是從《大慧普覺禪師語錄》卷一九及卷二一．（《大正藏》冊四七）之中抄錄出來，本屬大慧禪師對弟子所寫的法語，而且多係對其勤於修證工夫的在家弟子所寫的開示修行的方法及其原則。其中經常強調參趙州的狗子無佛性的「無」字話頭，他說：「只教就未拔（疑根）處看箇話頭：僧問趙州：『狗子還有佛性也無？』州云：『無。』行住坐臥，但時時提撥，驀然噴地一發，方知父母所生鼻孔，只在面上。勉之勉之。」（示徐提刑敦濟居士））

聖嚴識　大慧宗杲（西元一〇八九－一一六三年）是一位活躍於北宋及南宋時代的人，生當亂世，他的一生，流離顛沛，卻仍為佛法做了中流砥柱的禪門干臣。他自幼聰敏，十三歲即入鄉校，十七歲出家。先閱《古雲門錄》，即起達摩之下何以門庭如此之多的疑問。因此而依宣州的明教紹珵達先德的微旨。後參曹洞宗的諸老，再參湛堂文準，準師見其風神爽邁，特加器重，指示入道捷徑。宋徽宗宣和七年（西元一一二五年）至汴京天寧寺，參圜悟克勤（西元一〇六三－一一三五年），遂受印可。克勤著《臨濟正宗記》，付宗杲，未幾即分座請宗杲說法。此時正值北方的女真之亂，即入住雲居山。再到福建省，結茅於福州的長樂嶼。宋高宗紹興七年（西元一一三七年），住持徑山能仁寺，諸方雲衲靡然來集者一千七百餘人，禪風大興。紹興十一年因侍郎張公九成來見師而議及朝政，即於五月褫奪僧衣及度牒而被竄於衡州。二十年十月，又更改貶遣至梅州。該地多瘴癘而乏飲食，師徒百餘人，斃者過半，師則處之於常道，怡然而化當地居民。二十五年十二月獲得赦免，二十六年三月，始再服僧衣。奉敕住持明州阿育山的廣利寺，二十八年再返徑山，道俗歸慕如舊。三十二年，也就是在他示寂前的一年，為孝宗皇帝說法而受「大慧禪師」的賜號，第二年八月大慧禪師示寂，皇帝贈他一偈：「生滅不滅，常住不住，圓覺空明，隨物現處。」又諡「普覺禪師」號。因其鍛鍊禪眾得法，傳其法而世譜所列者九十餘人，受其印可者則不知其數。由宗杲所提倡的趙州狗子無佛性的「無」字話頭，迄今仍為日本的禪門所依用。照我個人的經驗，「無」字話頭，確是一個百應百驗的好方法。因此，有一次在禪七的檢討會中，有一位臺大哲學研究所的同學，發表他的感想時說，我所主持的禪七道場，頗有像是回到了大慧宗杲時代的風格。的確，我很喜歡大慧禪師，通宗通教，敏悟超群而又善能為學者除繫去縛。當然，宏智正覺禪師那樣的風格，也極能使人體會到禪的另一面。

在《大慧普覺禪師語錄》中自稱：「妙喜一生只以省力處指示人，不教人作謎子摶量，亦只如此修行，此外別無造妖捏怪。」故以「省力處」做為其語錄的篇名。

坐禪儀

長蘆宗賾

夫學般若菩薩，先當起大悲心，發弘誓願，精修三昧，誓度眾生，不為一身，獨求解脫。爾乃放捨諸相，休息萬事，身心一如，動靜無間。量其飲食，不多不少。調其睡眠，不節不恣。欲坐禪時，於閑靜處，厚敷坐物，寬繫衣帶。令威儀齊整，然後結跏趺坐。先以右足安左髀上，左足安右髀上。或半跏趺坐亦可，但以左足壓右足而已。

次以右手安左手上，左掌安右掌上，以兩手大拇指面相拄。徐徐舉身前欠，複左右搖振，乃正身端坐。不得左傾右側，前躬後仰。令腰脊頭項骨節相拄，狀如浮屠。又不得聳身太過，令人氣急不安。要令耳與肩對，鼻與臍對，舌拄上腭，唇齒相著。

目須微開，免致昏睡。若得禪定，其力最勝。古有習定高僧，坐常開目。向法雲圓通禪師，亦訶人閉目坐禪，以謂「黑山鬼窟」，蓋有深旨，達者知焉。

身相既定，氣息既調，然後寬放臍腹。

一切善惡都莫思量，念起即覺，覺之即失，久久忘緣，自成一片。此坐禪之要術也。

竊謂坐禪乃安樂法門，而人多致疾者，蓋不善用心故也。若善得此意，則自然四大輕安，精神爽利，正念分明，法味資神，寂然清樂。若已有發明者，可謂如龍得水，似虎靠山。若未有發明者，亦乃因風吹火，用力不多，但辨肯心，必不相賺。

然而道高魔盛，逆順萬端，但能正念現前，一切不能留礙。如《楞嚴經》、《天台止觀》、圭峰《修證儀》，具明魔事，預備不虞者，不可不知也。

若欲出定，徐徐動身，安詳而起，不得卒暴。

出定之後，一切時中，常作方便，護持定力，如護嬰兒，即定力易成矣。

夫禪定一門，最為急務。若不安禪靜慮，到這裡總須茫然。所以探珠宜靜浪，動水取應難。定水澄清，心珠自現。故《圓覺經》云：「無礙清淨慧，皆依禪定生。」《法華經》云：「在於閑處，修攝其心。安住不動，如須彌山。」

是知超凡越聖，必假靜緣，坐脫立亡，須憑定力。一生取辦，尚恐蹉跎，況乃遷延，將何敵業？故古人云：「若無定力，甘伏死門。掩目空歸，宛然流浪。」幸諸禪友，三復斯文，自利利他，同成正覺。

（錄自《禪苑清規》卷八，《卍續藏》一一一．九二〇—九二一頁）

聖嚴識　長蘆宗賾的生歿及年齡不詳，只知他於宋哲宗元祐四年（西元一〇八九年）建蓮華盛會，又於宋徽宗崇寧二年，即西元一一〇三年八月編述《禪苑清規》。祖籍湖北，亦云直隸。二十九歲於真州長蘆寺落髮受具。後參廣照應夫，一日躡階而有省悟，受到應夫的印可。元祐年間（西元一〇八六—一〇九三年），住長蘆寺，迎母於寺，以盡孝養，勸母剪髮，專念彌陀聖號，撰〈勸孝文〉一百二十篇，述世出世間的孝道。在其建立蓮華盛會期間，普勸道俗每日念佛乃至千聲萬聲，時感得普賢及普慧二大菩薩來會參加。

宗賾號為慈覺大師，他是一位主張禪淨雙修的大師，既著有禪宗的《禪苑清規》

十卷，又著有更多關於淨土宗的書，他說：「念佛參禪，各求宗旨，谿山雖異，雲月是同。可謂處處綠楊堪繫馬，家家門戶透長安。」（見《淨土簡要錄》）

這篇〈坐禪儀〉對於日本的曹洞宗影響也極大，當其開祖永平道元（西元一二〇〇—一二五二年）到中國求法，嗣天童如淨（西元一一六三—一二二八年）的法而歸國後，所撰〈普勸坐禪儀〉一文，其主要內容，幾乎完全鈔自長蘆宗頤的〈坐禪儀〉（請參閱《大正藏》八二·一—二頁）。

《禪關策進》錄要

雲棲袾宏

一、筠州黃檗希運禪師示眾

預前若打不徹，臘月三十日到來，管取你熱亂。有般外道，纔見人做工夫，便冷笑：「猶有這個在？」我且問你：忽然臨命終時，你將何抵敵生死？須是閒時辦得下，忙時得用，多少省力。休待臨渴掘井，做手腳不迭。前路茫茫，胡鑽亂撞，苦哉苦哉！平日只學口頭三昧，說禪說道，呵佛罵祖，到這裡都用不著。只管瞞人，爭知今日自瞞了也。勸你兄弟家，趁色力康健時，討取個分曉。這些關棙子，甚是容易，自是你不肯去下死志、做工夫，只管道難了又難。若是丈夫漢，看個公案：僧問趙州：「狗子還有佛性也無？」州云：「無。」

但二六時中，看個「無」字。晝參夜參，行住坐臥，著衣吃飯處，屙屎放尿處，心心相顧，猛著精彩，守個「無」字。日久歲深，打成一片，忽然心華頓發，悟佛祖之機，便不被天下老和尚舌頭瞞，便會開大口。達摩西來，無風起浪，世尊拈花，一場敗闕。

到這裡，說甚閻羅老子，千聖尚不奈你何。不信道直有這般奇特，為甚如此，事怕有心人。

雲棲評曰：此後代提公案看話頭之始也。然不必執定「無」字，或無字、或萬法、或須彌山、或死了燒了等，或參究念佛，隨守一則，以悟為期。所疑不同，悟則無二。

二、黃龍死心新禪師小參

諸上座，人身難得，佛法難聞。此身不向今生度，更向何生度此身。你諸人要參禪麼？須是放下著。放下個什麼？放下個四大五蘊，放下無量劫來許多業識，向自己腳跟下推窮，看是什麼道理？推來推去，忽然心華發明，照十方剎。可謂得之於心，應之於手，便能變大地作黃金，攪長河為酥酪，豈不暢快平生。

莫只管冊子上念言念語，討禪討道。禪道不在冊子上，縱饒念得一大藏教，諸子百家，也只是閒言語，臨死之時，總用不著。

雲棲評曰：不可見恁麼說，便謗經毀法，蓋此語為著文字而不修行者戒也，非為不識一丁者立赤幟也。

三、東山演禪師送徒行腳

須將生死二字貼在額頭上，討取個分曉。如只隨群作隊，打哄過日，他時閻老子打算飯錢，莫道我不曾說與你來。

若是做工夫，須要時時檢點，刻刻提撕，那裡是得力處？那裡是不得力處？那裡是打失處？那裡是不打失處？

有一等，纔上蒲團，便打瞌睡，及至醒來，胡思亂想。纔下蒲團，便說雜話。如此辦道，直至彌勒下生，也未得入手。

須是猛著精彩，提個話頭，晝參夜參，與他廝捱。不可坐在無事甲裡，又不可蒲團上死坐。若雜念轉鬥轉多，輕輕放下，下地走一遭，再上蒲團。開兩眼，捏兩拳，豎起脊梁，依前提起話頭，便覺清涼。如一鍋沸湯，攙一杓冷水相似。如此做工夫，定有到家時節。

四、蒙山異禪師示眾

某年二十知有此事，至三十二，請益十七八員長老，問他做工夫，都無端的。後參皖山長老，教看「無」字，十二時中要惺惺，如貓捕鼠，如雞抱卵，無令間斷，未透徹時，如鼠咬棺材，不可移易，如此做去，定有發明時節。

於是晝夜孜孜體究，經十八日，吃茶次，忽會得世尊拈花迦葉微笑，不勝歡喜。求決三四員長老，俱無一語或教。只以海印三昧一印印定，餘俱莫管，便信此說。

過了二載，景定五年（西元一二六四年）六月，在四川重慶府患痢，晝夜百次，危劇瀕死，全不得力，海印三昧也用不得，從前解會的也用不得，有口說不得，有身動不得，有死而已。業緣境界俱時現前，怕怖慞惶眾苦交逼。遂強作主宰，分付後事，高著蒲團，裝一爐香。徐起坐定，默禱三寶龍天，悔過從前諸不善業。若大限當盡，願承般若力，正念托生，早早出家，若得病愈，便棄俗為僧，早得悟明，廣度後學。作此願已，提個「無」字，回光自看，未久之間，臟腑三四回動。只不管他，良久眼皮不動，又良久，不見有身，只話頭不絕，至晚方起，病退一半。復坐至三更四點，諸病盡退，身心輕安。八月至江陵落髮。

一年起單行腳，途中炊飯，悟得工夫須是一氣做成，不可斷續。

到黃龍歸堂，第一次睡魔來時，就座抖擻精神，輕輕敵退。第二次亦如是退。第三次睡魔重時，下地禮拜消遣，再上蒲團，規式已定，便趁此時。打併睡魔，初用枕短睡，後用臂，後不放倒身，過二三夜，日夜皆倦，腳下浮逼逼地，忽然眼前如黑雲開，自身如新浴出一般清快。心下疑團愈盛，不著用力，綿綿現前，一切聲色，五欲八風，皆入不得，清淨如銀盆盛雪相似，如秋空氣肅相似。卻思工夫雖好，無可抉擇。

起單入浙，在路辛苦，工夫退失，至承天孤蟾和尚處，歸堂自誓：未得悟明斷不起單。月餘工夫復舊。其時遍身生瘡，亦不顧，捨命趁逐工夫，自然得力。又做得病中工夫。因赴齋出門，提話頭而行，不覺行過齋家，又做得動中工夫。到此，卻似透水月華，急灘之上，亂波之中，觸不散蕩不失，活鱍鱍地。

三月初六日，坐中正，舉「無」字，首座入堂燒香，打香盒作聲，忽然囮地一聲，識得自己，捉敗趙州。遂頌云：「沒興路頭窮，踏翻波是水。超群老趙州，面目只如此。」

秋間臨安見雪巖、退耕、石坑、虛舟諸大老。舟勸往皖山，山問：「光明寂照徧河沙，豈不是張拙秀才語？」某開口，山便喝出。自此行坐飲食，皆無意思，經六個月。

次年春，因出城回，上石梯子，忽然胸次疑礙冰釋，不知有身在路上行。乃見山，山又問前語，某便掀倒禪床。卻將從前數則極誵訛公案，一一曉了。

諸仁者，參禪大須仔細，山僧若不得重慶一病，幾乎虛度，要緊在遇正知見人。所以古人朝參暮請，抉擇身心，孜孜切切，究明此事。

雲棲評曰：他人因病而退惰，此老帶病精修，終成大器，豈徒然哉！禪人病中，當以是，痛自勉勵。

五、袁州雪巖欽禪師普說

山僧五歲出家，在上人侍下，見與賓客交談，便知有此事，便信得及，便學坐禪。

十六為僧，十八行腳，在雙林遠和尚會下，打十方，從朝至暮，不出戶庭。縱入眾寮，至後架，袖手當胸，不左右顧目，前所視不過三尺。

初看「無」字，忽於念頭起處，打一個返觀，這一念當下冰冷，直是澄澄湛湛，不動不搖，過一日如彈指頃，都不聞鐘鼓之聲。

十九在靈隱掛搭，見處州來書說：「欽禪你這工夫是死水，不濟事，動靜二相，打作兩橛。參禪須是起疑情，小疑小悟，大疑大悟。」被州說得著，便改了話頭，看個乾屎橛，一味東疑西疑，橫看豎看，卻被昏散交攻，頃刻潔淨也不能得。

移單過淨慈，是時章泉二州有七個兄弟與我結甲坐禪，封被脅不沾席；外有修上座，每日在蒲團上，如個鐵橛子相似，地上行時，開兩眼，垂兩臂，亦如個鐵橛子相似，要與親近說話，更不可得。因兩年不倒身，捱得昏困，遂一放都放了。兩月後，從前整頓得這一放，十分精神。元來，要究明此事，不睡也不得，須是到中夜熟睡一覺，方有精神。

一日，廊下見修，方得親近，卻問：「去年要與你說話，只管避我如何？」修云：「真正辦道人，無剪爪之工，更與你說話在。」

因問：「即今昏散打屏不去。」修道：「你自不猛烈，須是高著蒲團，豎起脊梁，盡渾身併作一個話頭，更討甚昏散？」

依修做工夫，不覺身心俱忘，清清三晝夜，兩眼不交睫。第三日午後，在三門下，如坐而行，又撞見修，問：「你在此做什麼？」答云：「辦道。」修云：「你喚什麼作道？」遂不能對。轉加迷悶，即欲歸堂坐禪。又撞見首座道：「你但大開了眼，看是什麼道理？」

又被提這一句，只欲歸堂，纔上蒲團，面前豁然一開，如地陷一般。是時呈似人不得，非世間一切相可喻。便下單尋修，修見便道：「且喜！且喜！」握手門前柳堤上行一轉，俯仰天地間，森羅萬象。眼見耳聞，向來所厭所棄之物，與無明煩惱，元來都是自己妙明真性中流出。半月餘，動相不生。可惜不遇大手眼尊宿，不合向這裡坐住，謂之見地不脫，礙正知見。

每於睡著時，打作兩橛。公案有義路者，則理會得；如銀山鐵壁者，卻又不會。雖在無準先師會下多年，入室陞座，無一語打著心下事；經教語錄上，亦無一語可解此病。如是礙在胸中者十年。

一日，在天目佛殿上行，擡眼見一株古柏，觸目省發向來所得境界，礙膺之物，撲然而散，如闇室中出在白日。從此不疑生，不疑死，不疑佛，不疑祖。始得見徑山老人立地處，好與三十拄杖。

六、天目高峰妙禪師示眾

（一）

此事只要當人的有切心。纔有切心，真疑便起，疑來疑去，不疑自疑，從朝至暮，粘頭綴尾，打成一片。撼亦不動，趁亦不去，昭昭靈靈，常現在前，此便是得力時也。

更須確其正念，慎無二心，至於行不知行，坐不知坐，寒熱饑渴，悉皆不知。此境界現前，即是到家消息也。巴得構也撮得著，只待時刻而已。卻不得見恁麼說，起一念精進心求之，又不得將心待之，又不得縱之棄之。但自堅凝正念，以悟為則。當此之時，有八萬四千魔軍，在汝六根門頭伺候，一切奇異善惡等事，隨汝心現。汝若瞥起毫釐著心，便墮他圈繢，被他作主，受他指揮，口說魔話，身行魔事。般若正因，從茲永絕；菩提種子，不復生芽。但莫起心，如個守屍鬼子，守來守去，疑團子欻然爆地一聲，管取驚天動地。

(二)

某甲十五出家，二十更衣，入淨慈，立三年死限學禪。初參斷橋和尚，令參「生從何來？死從何去？」意分兩路，心不歸一。後見雪巖和尚，教看「無」字，又令每日上來一轉，如人行路，日日要見工程。因見說得有序，後竟不問做處，一入門便問：「誰與你拖這死屍來？」聲未絕便打出。

次後徑山歸堂，夢中忽憶「萬法歸一，一歸何處？」自此疑情頓發，直得東西不辨，南北不分。第六日隨眾閣上諷經，擡頭忽覩五祖演和尚真贊，末兩句云：「百年三萬六千朝，返覆元來是這漢。」日前拖死屍句子，驀然打破，直得魂飛膽喪，絕後再甦，何啻放下百二十斤擔子。其時正二十四歲滿三年限。

次後被問：「日間浩浩作得主麼？」答曰：「作得。」

又問：「睡夢中作得主麼？」答云：「作得。」

又問：「正睡著無夢時，主在何處？」於此無言可對，無理可伸。

和尚囑云：「從今不要你學佛學法，窮古窮今，只饑來吃飯，困來打眠，才眠覺來，抖擻精神。」

我這一覺，主人公畢竟在什麼處安身立命？自誓拚一生做個癡獃漢，定要見這一著子明白。經及五年，一日睡覺，正疑此事，忽同宿道友推枕子落地作聲，驀然打破疑團，如在網羅中跳出。所有佛祖誵訛公案，古今差別因緣，無不了了。自此安邦定國，天下太平，一念無為，十方坐斷。

雲棲評曰：前示眾做工夫一段，至為切要，學者宜書諸紳。其自敘中所云：「饑來吃飯，困來打眠」，是發明以後事，莫錯會好。

七、鐵山瓊禪師普說

（一）

山僧十三歲知有佛法，十八出家，二十二為僧。先到石霜，記得祥庵主，教：「時時觀見鼻頭白」，遂得清淨。

後有僧自雪巖來，寫得巖〈坐禪箴〉看。我做工夫，卻不曾從這裡過。因到雪巖，依彼所說做工夫，單提「無」字。至第四夜，通身汗流，十分清爽。繼得歸堂，不與人說話，專一坐禪。

後見妙高峰，教：「十二時中，莫令有間。四更起來，便摸索話頭，頓在面前，略覺困睡，便起身下地，也是話頭，行時步步不離話頭，開單、展缽、拈匙、放箸、隨眾等事，總不離話頭。日間夜間，亦復如是，打成片段，未有不發明者。」依峰開示做工夫，果得成片。

三月二十日，巖上堂云：「兄弟家久在蒲團上瞌睡，須下地走一遭，冷水盥漱洗開兩眼，再上蒲團，豎起脊梁，壁立萬仞，單提話頭。如是用功七日，決定悟去，此是山僧四十年前已用之工。」某即依彼所說，便覺工夫異常。第二日兩眼欲閉而不能閉。第三日此身如在虛空中行。第四日曾不知有世間事，其夜倚欄杆少立，泯然無知，檢點話頭又不打失，轉身上蒲團，忽覺從頭至足，如劈破髑髏相似，如萬丈井底被提在空中相似。此時無著歡喜處。舉似巖，巖云：「未在！更去做工夫。」求得法語，末後云：「紹隆佛祖向上事，腦後依前欠一槌。」心下道：「如何又欠一槌？」不信此語，又似有疑，終不能決。

每日堆堆坐禪，將及半載，一日因頭痛煎藥，遇覺赤鼻，問：「哪吒太子拆骨還父，拆肉還母。」話記得，被悟知客問，不能對。忽然打破這疑團。

後到蒙山，山問：「參禪到什麼處是畢工處？」遂不知頭。山教：「再做定力工夫，洗盪塵習。」每遇入室下語，只道：「欠在！」一日晡時坐至更盡，以定力挨拶，直造幽微。出定見山，說此境已，山問：「那個是你本來面目？」正欲下語，山便閉門。自此工夫日有妙處。蓋以離巖太早，不曾做得細密工夫，幸遇本色宗匠，乃得到此。元來，工夫做得緊峭，則時時有悟入，步步有剝落。一日見壁上三祖〈信心銘〉云：「歸根得旨，隨照失宗。」又剝了一層。山云：「個事如剝珠相似，愈剝愈光，愈明愈淨；剝一剝，勝他幾生工夫也。」但下語，猶只道：「欠在！」

一日定中忽觸著「欠」字，身心豁然，徹骨徹髓，如積雪卒然開霽，忍俊不禁，跳下地來，擒住山云：「我欠少個什麼？」山打三掌，某禮三拜。山云：「鐵山這一著子，幾年？今日方了。」

（二）

暫時話頭不在，如同死人，一切境界逼迫臨身，但將話頭與之抵當。時時檢點話頭，動中靜中，得力不得力。又定中不可忘卻話頭，忘話頭則成邪定。不得將心待悟。不得文字上取解會。不得些少覺觸，以為了事。但教如癡如呆去，佛法世法，打成一片。施為舉措，只是尋常。惟改舊時行履處。古云：「大道從來不屬言，擬談玄妙隔天淵，直須能所俱忘卻，始可饑餐困則眠。」

八、天目中峰本禪師示眾

（一）

看話頭做工夫，最是立腳穩當，悟處親切。縱此生不悟，但信心不退，不隔一生兩生，更無不獲開悟者。

（二）

或三十年二十年，未即開悟，不須別求方便，但心不異緣，意絕諸妄，孜孜不捨，只向所參話上立定腳頭，拚取生與同生，死與同死，誰管：三生五生十生百生，若不徹悟，決定不休。有此正因，不患大事之不了明也。

（三）

病中做工夫，也不要你精進勇猛，也不要你撐眉努目，但要你心如木石，意若死灰，將四大幻身，撇向他方世界之外，由他病也得，活也得，死也得，有人看也得，無人看也得，香鮮也得，臭爛也得，醫得健來活到一百二十歲也得，如或便死，被宿業牽入鑊湯爐炭裡也得。如是境界中都不動搖，但切切將個沒滋味話頭，向藥爐邊枕頭上，默默咨參，不得放捨。

雲棲評曰：此老千言萬語，只教人看話頭，做真實工夫，以期正悟。諄切透快，千載而下，如耳提面命。具存全書，自應偏覽。

九、智徹禪師淨土玄門

念佛一聲，或三五七聲，默默返問：「這一聲佛從何處起？」又問：「這念佛的是誰？」有疑只管疑去，若問處不親，疑情不切，再舉個：「畢竟這念佛的是誰？」於前一問，少問少疑，只向「念佛是誰？」諦審諦問。

一〇、師子峰天如則禪師普說

（一）

佛祖運大慈悲，或教你參禪，或教你念佛，令汝掃除妄念認取本來面目，做箇洒洒落落大解脫漢。而今不獲靈驗者，有三種病：第一，不遇真善知識指示。第二，不能痛將生死大事為念，悠悠漾漾，不覺打在無事甲裡。第三，於世間虛名浮利，照不破放不下，妄緣惡習上，坐不斷擺不脫，境風扇動處，不覺和身輥入業海中，東飄西泊去。真正道流，豈肯恁麼？當信祖師道：「雜念紛飛如何下手，一個話頭，如鐵掃箒，轉掃轉多，轉多轉掃，掃不得拚命掃，忽然掃破太虛空，萬別千差一路通。」諸禪德努力，今生須了卻，莫教永劫受餘殃。

（二）

又有自疑念佛與參禪不同，不知參禪只圖識心見性，念佛者悟自性彌陀，唯心淨土，豈有二理。

一一、汝州香山無聞聰禪師普說

山僧初見獨翁和尚，令參「不是心、不是佛、不是物」。後同雲峰、月山等六人，立願互相究竟。次見淮西教無，能令提「無」字。次到長蘆，結伴煉磨。後遇淮上敬兄，問云：「你六七年有甚見地。」某答：「每日只是心下無一物。」敬云：「你這一絡索，甚處出來？」某心裡似知不知，不敢開口。敬見我做處無省發，乃云：「你定中工夫不失，動處便失。」某被說著，心驚，便問：「畢竟明此大事，應作麼生？」敬云：「你不聞川老子道：『要知端的意，北斗面南看。』」說了便去。

某被一問，直得行不知行，坐不知坐，五七日間，不提「無」字，倒只看「要知端的意，北斗面南看」。忽到淨頭寮，在一木上與眾同坐，只是疑情不解，有飯食頃，頓覺心中空亮輕清，見情想破裂，如剝皮相似，目前人物，一切不見，猶如虛空，半時省來，通身汗流，便悟得「北斗面南看」。遂見敬，下語作頌，都無滯礙。尚有向上一路，不得洒落。

後入香巖山中過夏，被蚊子咬兩手不定，因念古人為法忘軀，何怖蚊子？盡情放下，咬定牙關，揑定拳頭，單提「無」字，忍之又忍。不覺身心歸寂，如一座屋，倒卻四壁，體若虛空，無一物可當情。辰時一坐，未時出定，自知佛法不誤人，自是工夫不到。然雖見解明白，尚有微細隱密，妄想未盡。又入光州山中習定六年，陸安山中又住六年，光州山中又住三年，方得穎脫。

一二、大乘山普巖斷岸和尚示眾

萬法歸一，一歸何處，不得不看話頭、守空靜而坐，不得念話頭無疑而坐。如有昏散，不用起念排遣，快便舉起話頭，抖擻身心，猛著精采。更不然，下地經行，覺昏散去，再上蒲團，忽爾不舉自舉，不疑自疑，行不知行，坐不知坐，惟有參情，孤孤迥迥，歷歷明明，是名斷煩惱處，亦名我喪處。

雖然如是，未為究竟，再加鞭策，看個「一歸何處？」到這裡提撕話頭，無節次了也。惟有疑情，忘即舉之，直至返照心盡，是名法亡，始到無心處也。

莫是究竟麼？古云：「莫謂無心云是道，無心猶隔一重關。」忽地遇聲遇色，磕著撞著，大咲一聲，轉身過來，便好道：「懷州牛吃禾，益州馬腹脹。」

一三、高麗普濟禪師答李相國書

既曾於「無」字話提撕，不必改參也。況舉起別話頭時，曾參「無」字，必於「無」字有小熟因地。切莫移動，切莫改參，但於二六時中，四威儀內，舉起話頭，莫待幾時悟不悟，亦莫管有滋味無滋味，亦莫管得力不得力。拶到心思不及，意慮不行，即是諸佛諸祖放身命處。

雲棲評曰：此語錄萬曆丁酉，福建許元真東征，得之朝鮮者，中國未有也，因錄其要而識之。

一四、古音琴禪師示眾

坐中所見善惡，皆由坐時不起觀察，不正思惟，但只瞑目靜坐，心不精采，意順境流，半夢半醒，或貪著靜境為樂，致見種種境界。夫正因做工夫者，當睡便睡一覺，一醒便起，抖擻精神，挪挲眼目，咬住牙根，捏緊拳頭，直看話頭，落在何處。切莫隨昏隨沉，絲毫外境不可采著。

聖嚴評曰：此語錄中所云「抖擻精神，挪挲眼目，咬住牙根，捏緊拳頭，直看話頭」等語，可能不適合用於所有的學人。抖擻精神參話頭，當然是對的，如果將眼睛、牙齒、拳頭都緊張起來用工夫，恐怕會引起生理上的病障，故我常教學人「身體要鬆，精神要緊」。工夫始易成片。

一五、般若和尚示眾

或話頭綿密，無有間斷，不知有身，謂之人忘法未忘。有到此，忘其本身，忽然記得，如在夢中跌下萬仞洪崖，只顧救命，遂成瘋癲，到此須是緊提話頭，忽然連話頭都忘，謂之人法雙忘，驀地冷灰豆爆，始知「張公吃酒李公醉」，正好來般若門下吃棒。

何以故？更須打破諸祖重關，遍參知識，得知一切淺深，卻向水邊林下，保養聖胎，直待龍天推出，方可出來扶揚宗教，普度群生。

（錄自《禪關策進》，《卍續藏》冊一一四）

聖嚴識 雲棲袾宏蓮池大師（西元一五三五—一六一五年），是浙江省杭州仁和人，字佛慧，號蓮池，十七歲舉諸生，二十七歲喪父，三十二歲又喪母，乃決意出家。參訪廬山遍融，教他勿圖名利，一心辦道，老實持戒念佛。又訪笑巖德寶（西元一五一二—一五八一年），卻說：「咄！你三千里外求我開示，我有什麼開示？」便辭向東昌，在途中聞樵樓鼓聲，忽然大悟。偈曰：「二十年前事可疑，三千里外遇何奇；焚香擲戟渾如夢，魔佛空爭是與非。」

明穆宗隆慶五年（西元一五七一年）入杭州的雲棲山，卜廢寺而居。山中多虎，以誦瑜伽焰口而滅虎患。時逢大旱，大師持木魚巡繞田間，稱念佛號，即甘霖隨至，居民感德，修復廢寺。常精修念佛三昧，教化遠近，衲子來者日眾，廢寺遂成叢林。他一生致力於戒殺放生，提倡參究念佛，禪淨雙修。傳受了遍融的華嚴教理、德寶的禪宗心法，而以淨土法門為其指歸。

他的著述極多，《禪關策進》一書，是其重要者之一，共分兩集：前集分兩門：1.諸祖法語節要，2.諸祖苦功節略；後集只有一門，為諸經引證節略。前集的諸祖法語，共收三十九位祖師語錄，本書僅錄其中的十五位，以其修證的層次分明及其指示修證的方法簡明實用者，為選取的原則。也可以說這原是蓮池大師的心願，他在序文中說：「予初出家，得一帙於坊間，曰：《禪門佛祖綱目》，中所載多古尊宿自敘其參學時，始之難入，中之做工夫，經歷勞苦次第，與終之廓爾神悟。心愛之，慕之，願學焉。既而此書於他處更不再見！乃續閱《五燈》諸語錄雜傳，無論緇素，但實參實悟者，併入前帙，刪繁取要，彙之成編，易名曰：《禪關策進》。居則置案，行則攜囊，一覽之則心志激勵，神采煥發，勢自鞭逼前進。」（《卍續藏》冊一一四．六九八頁上）

此書被收於《卍續藏》冊一一四。對於近世日本的禪宗，此書的影響力亦極大。今人張澄基居士用英文寫的一本書 *The practice of Zen*（《禪的修行》）中，也介紹了此書所收的無聞、雪巖、蒙山、高峰等四則故事。

觀心銘・初心修悟法要

憨山德清

一、觀心銘

觀身非身，鏡像水月。觀心無相，光明皎潔。一念不生，虛靈寂照。圓同太虛，具含眾妙。不出不入，無狀無貌。百千方便，總歸一竅。不依形氣，形氣窒礙。莫認妄想，妄想生怪。諦觀此心，空洞無物。瞥爾情生，便覺恍惚。急處迴光，著力一照。雲散晴空，白日朗耀。內心不起，外境不生。但凡有相，不是本真。念起即覺，覺即照破。境來便掃，掃即放過。善惡之境，隨心轉變。凡聖之形，應念而現。持咒觀心，如磨鏡藥。塵垢若除，此亦不著。廣大神通，自心全具。淨土天宮，逍遙任意。不用求真，心本是佛。熟處若生，生處自熟。二六時中，頭頭盡妙。觸處不迷，是名心要。

（錄自《憨山大師夢遊集》卷三六，《卍續藏》冊一二七．七四二頁上—下）

二、初心修悟法要

（一）如何修悟

若論此段大事因緣，雖是人人本具，各各現成，不欠毫髮。爭奈無始劫來，愛根種子，妄想情慮，習染深厚，障蔽妙明，不得真實受用，一向只在身心世界妄想影子裡作活計，所以流浪生死。佛祖出世，千言萬語，種種方便，說禪說教，無非隨順機宜，破執之具，元無實法與人。

所言修者，只是隨順自心，淨除妄想習氣影子。於此用力，故謂之修。若一念妄想頓歇，徹見自心，本來圓滿光明廣大。清淨本然，了無一物，名之曰悟。非除此心之外，別有可修可悟者。以心體如鏡，妄想攀緣影子，乃真心之塵垢耳。故曰想相為塵，識情為垢。若妄念消融，本體自現，譬如磨鏡，垢淨明現，法爾如此。

但吾人積劫習染堅固，我愛根深難拔，今生幸托本具般若，內熏為因，外藉善知識引發為緣，自知本有，發心趣向，志願了脫生死，要把無量劫來，生死根株，一時頓拔，豈是細事。若非大力量人，赤身擔荷，單刀直入者，誠難之難。古人道：「如一人與萬人敵」，非虛語也。

(二) 修悟下手處

大約末法修行人多，得真實受用者少。費力者多，得力者少。此何以故？蓋因不得直捷下手處，只在從前聞見知解言語上，以識情摶量，遏捺妄想，光影門頭做工夫。先將古人玄言妙語，蘊在胸中，當作實法，把作自己知見。殊不知，此中一點用不著。此正謂依他作解，塞自悟門。

如今做工夫，先要剗去知解，的的只在一念上做，諦信自心，本來乾乾淨淨，寸絲不掛；圓圓明明，充滿法界；本無身心世界，亦無妄想情慮。即此一念，本自無生。現前種種境界，都是幻妄不實，唯是真心中所現影子。如此勘破，就於妄念起滅處，一覷覷定，看他起向何處起，滅向何處滅。如此著力一拶，任他何等妄念，一拶粉碎，當下冰消瓦解，切不可隨他流轉，亦不可相續。永嘉謂：「要斷相續心」者此也。蓋虛妄浮心，本無根緒，切不可當作實事，橫在胸中。起時便咄，一咄便消。切不可遏捺，則隨他使作，如水上葫蘆。只要把身心世界，撇向一邊，單單的的，提此一念，如橫空寶劍，任他是佛是魔，一齊斬絕，如斬亂絲。赤力力挨拶將去，所謂「直心正念真如」，正念者，無念也。能觀無念，可謂向佛智矣。

修行最初發心，要諦信唯心法門。佛說：「三界唯心，萬法唯識。」多少佛法，只是解說得此八個字。分明使人人信得及，大段聖凡二途，只是唯自心中，迷悟兩路。一切善惡因果，除此心外，無片事可得，蓋吾人妙性天然，本不屬悟，又何可迷？如今說迷，只是不了自心本無一物，不達身心世界本空，被他障礙，故說為迷。一向專以妄想生滅心，當以為真，故於六塵境緣，種種幻化，認以為實。如今發心趣向，乃返流向上一著，全要將從前知解，盡情脫去，一點知見巧法用不著，只是將自己現前身心世界，一眼看透，全是自心中所現浮光幻影。如鏡中像，如水中月。觀一切音聲，如風過樹；觀一切境界，似雲浮空。都是變幻不實的事。不獨從外如此，即自心妄想情慮，一切愛根種子，習氣煩惱，都是虛浮幻化不實的。

如此深觀，凡一念起，決定就要勘他箇下落，切不可輕易放過，亦不可被他瞞昧。如此做工夫，稍近真切。除此之外，別扯玄妙知見巧法來逗湊，全沒交涉。就是說做工夫，也是不得已。譬如用兵，兵者不祥之器，不得已而用之。古人說參禪提話頭，都是不得已。公案雖多，唯獨念佛審實的話頭，塵勞中極易得力。雖是易得力，不過如敲門瓦子一般，終是要抛卻，只是少不得用一番。如今用此做工夫，須要信得及，靠得定，咬得住。決不可猶豫，不得今日如此，明日又如彼，又恐不得悟，又嫌不玄妙。者些思算，都是障礙，先要說破，臨時不生疑慮。

至若工夫做得力處，外境不入，唯有心內煩惱，無狀橫起，或欲念橫發，或心生煩悶，或起種種障礙，以致心疲力倦，無可奈何。此乃八識中含藏無量劫來，習氣種子，今日被工夫逼急，都現出來。此處最要分曉，先要識得破，透得過，決不可被他籠罩，決不可隨他調弄，決不可當作實事。但只抖擻精神，奮發勇猛，提起本參話頭，就在此等念頭起處，一直捱追將去。我者裡元無此事，問渠向何處來？畢竟是什麼？決定要見箇下落。如此一拶將去，只教神鬼皆泣，滅跡潛蹤，務要趕盡殺絕，不留寸絲。如此著力，自然得見好消息。

若一念拶得破，則一切妄念，一時脫謝。如空華影落，陽燄波澄，過此一番，便得無量輕安，無量自在，此乃初心得力處。不為玄妙，及乎輕安自在，又不可生歡喜心。若生歡喜心，則歡喜魔附心，又多一種障矣。至若藏識中習氣愛根種子，堅固深潛，話頭用力不得處，觀心照不及處。自己下手不得，須禮佛、誦經、懺悔，又要密持咒心，仗佛密印，以消除之。以諸密咒，皆佛之金剛心印，吾人用之，如執金剛寶杵，摧碎一切物，物遇如微塵。從上佛祖，心印祕訣，皆不出此。故曰：「十方如來，持此咒心，得成無上正等正覺。」然佛則明言，祖師門下，恐落常情，故祕而不言，非不用也。此須日有定課，久久純熟，得力甚多，但不可希求神應耳。

（三）解悟與證悟

凡修行人，有先悟後修者，有先修後悟者。然悟有解證之不同。若依佛祖言教明心者，解悟也。多落知見，於一切境緣，多不得力，以心境角立，不得混融，觸途成滯，多作障礙。此名相似般若，非真參也。

若證悟者，從自己心中樸實做將去，逼拶到水窮山盡處，忽然一念頓歇，徹了自心。如十字街頭見親爺一般，更無可疑；如人飲水，冷暖自知，亦不能吐露向人，此乃真參實悟。然後即以悟處融會心境，淨除現業、流識、妄想、情慮，皆鎔成一味真心。此證悟也。

此之證悟，亦有深淺不同，若從根本上做工夫，打破八識窠臼，頓翻無明窟穴，一超直入，更無剩法。此乃上上利根，所證者深。其餘漸修，所證者淺。最怕得少為足，切忌墮在光影門頭。何者？以八識根本未破，縱有作為，皆是識神邊事。若以此為真，大似認賊為子。古人云：「學道之人不識真，只為從前認識神。無量劫來生死本，癡人認作本來人。」於此一關，最要透過。

所言頓悟漸修者，乃先悟已徹，但有習氣，未能頓淨。就於一切境緣上，以所悟之理，起觀照之力，歷境驗心，融得一分境界，證得一分法身，消得一分妄想，顯得一分本智。是又全在綿密工夫，於境界上做出，更為得力。

(四) 修悟六原則

凡利根、信心勇猛的人，修行肯做工夫，事障易除，理障難遣。此中病痛，略舉一二。

第一，不得貪求玄妙：以此事本來，平平貼貼，實實落落，一味平常，更無玄妙。所以古人道：「悟了還同未悟時，依然只是舊時人。」不是舊時行履處，更無玄妙。工夫若到，自然平實。蓋由吾人知解習氣未淨，內熏般若，般若為習氣所熏，起諸幻化，多生巧見，綿著其心，將謂玄妙，深入不捨。此正識神影明，分別妄見之根，亦名見刺。比前麤浮妄想不同，斯乃微細流注生滅，亦名智障，正是礙正知見者，若人認以為真，則起種種狂見，最在所忌。

第二，不得將心待悟：以吾人妙圓真心，本來絕待，向因妄想凝結，心境根塵，對待角立，故起惑造業。今修行人，但只一念放下身心世界，單單提此一念向前，切莫管他悟與不悟，只管念念步步做將去，若工夫到處，自然得見本來面目，何須早計？若將心待悟，即此待心，便是生死根株，待至窮劫，亦不能悟；以不了絕待真心，將謂別有故耳。若待心不除，易生疲厭，多成退墮，譬如尋物不見，便起休歇想耳。

第三，不得希求妙果：蓋眾生生死妄心，元是如來果體。今在迷中，將諸佛神通妙用，變作妄想情慮，分別知見；將真淨法身，變作生死業質；將清淨妙土，變作六塵境界。如今做工夫，若一念頓悟自心，則如大冶紅爐，陶鎔萬象。即此身心世界，元是如來果體；即此妄想情慮，元是神通妙用，換名不換體也。

永嘉云：「無明實性即佛性，幻化空身即法身。」若能悟此法門，則取捨情忘，欣厭心歇，步步華藏淨土，心心彌勒下生。若安心先求妙果，即希求之心，便是生死根本，礙正知見。轉求轉遠，求之力疲，則生厭倦矣。

第四，不可自生疑慮：凡做工夫，一向放下身心，屏絕見聞知覺。脫去故步，望前眇冥，無安身立命處。進無新證，退失故居。若前後籌慮，則生疑心，起無量思算，較計得失，或別生臆見，動發邪思，礙正知見。此須勘破，則決定直入，無復顯慮。大概工夫做到做不得，正是得力處，更加精采，則不退屈。不然則墮憂愁魔矣。

第五，不得生恐怖心：謂工夫念力急切，逼拶妄想，一念頓歇，忽然身心脫空，便見大地無寸土，深至無極，則生大恐怖。於此若不勘破，則不敢向前。或以此豁達空，當作勝妙，若認此空，則起大邪見，撥無因果，此中最險。

第六，決定信自心是佛：然佛無別佛，唯心即是。以佛真法身，猶若虛空，若達妄元虛，則本有法身自現，光明寂照，圓滿周遍，無欠無餘。更莫將心向外馳求，若捨此心別求，則心中變起種種無量夢想境界，此正識神變現，切不可作奇特想也。然吾清淨心中，本無一物，更無一念，凡起心動念，即乖法體。

今之做工夫人，總不知自心妄想，元是虛妄，將此妄想，誤為真實，專只與作對頭。如小兒戲燈影相似，轉戲轉沒交涉，弄久則自生怕怖。

又有一等怕妄想的，恨不得一把捉了，拋向一邊。此如捕風捉影，終日與之打交滾，費盡力氣，再無一念休歇時。纏綿日久，信心日疲，只說參禪無靈驗，便生毀謗之心，或生怕怖之心，或生退墮之心。此乃初心之通病也。此無他，蓋由不達常住真心，不生滅性，只將妄想認性實法耳。者裡切須透過，若要透得此關，自有向上一路。只須離心意識參，離妄想境界求。但有一念起處，不管是善是惡，當下撇過，切莫與之作對。諦信自心中本無此事，但將本參話頭，著力提起，如金剛寶劍，魔佛皆揮。此處最要大勇猛力、大精進力、大忍力，決不得思前算後，決不得怯弱。但得直心正念，挺身向前。自然巍巍堂堂，不被此等妄想纏繞。如脫韝之鷹。二六時中，於一切境緣，自然不干絆，自然得大輕安，得大自在。此乃初心第一步工夫得力處也。

以上數則，大似畫蛇添足，乃一期方便語耳。本非究竟，亦非實法。蓋在路途邊，出門一步，恐落差別岐徑，枉費心力，虛喪光陰。必須要真正一門，超出妙莊嚴路，所謂：「行步平正，其疾如風。」其所行履，可以日劫相倍矣。

要之，佛祖向上一路，不涉程途，其在初心方便，也須從者裡透過始得。

（錄自《憨山大師夢遊集》卷二，《卍續藏》冊一二七）

聖嚴識　憨山德清（西元一五四六—一六二三年）是明末四位偉大高僧之一，七歲時即起生死去來之疑，十九歲出家受戒，聽《華嚴玄談》至十玄門海印森羅常住處，悟法界圓融無盡之旨，後閱〈物不遷論〉而悟，作偈曰：「死生晝夜，水流花謝；今日乃知，鼻孔向下。」妙峰禪師問其何所見，答曰：「夜來見河邊兩箇鐵牛相鬥，入水去也，至今絕消息。」又一日粥罷經行，忽立定，光明如大圓鏡，山河大地影見其中，既覺，身心湛然，了不可得，因說偈曰：「瞥然一念狂心歇，內外根塵俱洞徹；翻身觸破大虛空，萬象森羅從起滅。」

上面所錄第二篇，原收於《憨山大師夢遊集》卷二，也即是全集的第一篇文章，原作無標題，乃是〈為答鄭崑巖中丞〉的法語。從其內容看乃是一篇開示修悟法門的好文章，故曾被近世禪宗廣泛的重視而收在《禪門日誦》之中，題為〈禪宗法要〉。本書將之加上今題並增列子目，以便閱讀者一目瞭然。

至於憨山大師的傳記，則有〈憨山老人自序年譜實錄〉，今亦被收在《憨山大師夢遊集》卷五三及五四，另有〈憨山大師傳〉，則被收於同書卷五五。他被稱為明末四大師之一，是一位教理及禪觀並重的高僧，教理重於華嚴，禪定重實修實悟。

《博山參禪警語》錄要

博山元來

一、初心參禪者須知

（一）做工夫最初要發個破生死心，堅硬看破世界身心，悉是假緣，無實主宰。若不發明本具底大理，則生死心不破。生死心既不破，無常殺鬼，念念不停，卻如何排遣？將此一念作個敲門瓦子，如坐在烈火焰中求出相似。亂行一步不得，停止一步不得，別生一念不得，望別人救不得。當恁麼時，只須不顧猛火，不顧身命，不望人救，不生別念，不肯暫止，往前直奔。奔得出，是好手。

（二）做工夫貴在起疑情。何謂疑情，如生不知何來，不得不疑來處。死不知何去，不得不疑去處。生死關竅不破，則疑情頓發，結在眉睫上，放亦不下，趂亦不去。忽朝撲破疑團，生死二字是什麼閑家具嗯！古德云：「大疑大悟，小疑小悟，不疑不悟。」

（三）做工夫最怕耽著靜境，使人困於枯寂，不覺不知。動境人厭，靜境多不生厭。良以行人一向處乎喧鬧之場，一與靜境相應，如食飴食蜜，如人倦久喜睡，安得自知耶？（中略）吾人或處於靜境，祇要發明衣線下一段大事，不知在靜境始得，於大事中求其靜相了不可得，斯為得也。

（四）做工夫人擡頭不見天，低頭不見地。看山不是山，見水不是水。行不知行，坐不知坐。千人萬人之中不見有一人。通身內外，只是一箇疑團。可謂攪渾世界，疑團不破誓不休心。此為工夫緊要。

（五）做工夫不怕死不得活，只怕活不得死。果與疑情廝結在一處，動境不待遣而自遣，妄心不待淨而自淨。六根門頭，自然虛豁地，點著即到，呼著即應，何愁不活耶？

（六）工夫做得上，如挑千斤擔子，放亦不下。如覓要緊的失物相似，若覓不著誓不休心。其中但不可生執、生著、生計。執成病、著成魔、計成外，果得一心一意，如覓失物相似，則三種泮然沒交涉，所謂生心動念，即乖法體矣。

（七）做工夫舉起話頭時，要歷歷明明，如貓捕鼠相似。古所謂不斬黎奴誓不休。不然則坐在鬼窟裡，昏昏沉沉過了一生，有何所益。

貓捕鼠，睜開兩眼，四腳撐撐，只要拿鼠到口始得。縱有雞犬在傍，亦不暇顧。參禪者亦復如是，只是憤然要明此理，縱八境交錯於前，亦不暇顧。纔有別念，非但鼠、兼走卻貓兒。

（八）做工夫不可在古人公案上卜度，妄加解釋。縱一一領略得過，與自己沒交涉。殊不知古人一語一言，如大火聚，近之不得，觸之不得，何況坐臥其中耶，更於其間分大分小，論上論下，不喪身失命者幾希！

（九）信者器，不信非器。諸行人欲入斯宗乘者，悉從信而入。「信」之一字，有淺有深，有邪有正，不可不辨。淺者，凡入法門，誰云不信，但信法門，非信自心。深者，諸大乘菩薩，尚不具信，……如云即心即佛，誰云不信，及乎問汝是佛耶？則支吾排遣，承當不下（中略）。

自心即佛名正信。心外取法名邪信。即佛要究明自心，親履實踐，到不疑之地，始名正信。如顢頇儱侗，猜三枚相似，但云心即佛，實不識自心，名邪信。

（一〇）做工夫不得沾著世法。佛法中尚沾著一點也不得，何況世法耶？若真正話頭現前，履冰不見寒，蹈火不見熱，荊棘林中橫身直過不見有罣礙。始可在世法中橫行直撞。不然，盡被境緣轉將去，欲得工夫成一片，驢年也未夢見在。

（一一）黃檗禪師云：「塵勞迥脫事非常，緊把繩頭做一場，不是一翻寒徹骨，爭得梅花撲鼻香。」此語最親切，若將此偈時時警策，工夫自然做得上。

（一二）做工夫最要緊是箇「切」字，「切」字最有力。不切則懈怠，為懈怠生則放逸縱意，靡所不至。若用心真切，放逸懈怠何由得生？（中略）「切」之一字，豈但離過，當下超善、惡、無記三性。

（一三）做工夫最怕思惟做詩、做偈、做文賦等。

（一四）做工夫不得將心待悟，（中略）只須逼拶令悟。（中略）因緣會合時，貴在話頭真切，逼拶令悟，非待悟耶。又悟時如披雲見天，而廓落無依，天旋地轉，又是一翻境界。

（一五）做工夫要緊、要正、要綿密、要融豁。

何謂緊？人命在呼吸，大事未明，一口氣不來，前路茫茫，未知何往，不得不緊（中略）。

何謂綿密？眉毛與虛空廝結，針箚不入，水洒不濕，不容有毫釐間隙，若有毫釐間隙，則魔境乘隙而入（中略）。

何謂融豁？世界闊一丈，則古鏡闊一丈，古鏡闊一丈，則火爐闊一丈，決不拘執住在一處，捉定死蛇頭，亦不繫墜在兩頭。漭漭蕩蕩。古德云：「圓同太虛，無欠無餘。」真到融豁處，則內不見有身心，外不見有世界，始得個入頭。

（一六）做工夫著不得一絲毫別念，行住坐臥，單單只提起本參話頭，發起疑情，憤然要討個下落。若有絲毫別念，古所謂雜毒入心，豈但傷身命，此傷乎慧命，學者不可不謹。

余云別念，非但世間法，除究心之外，佛法中一切好事，悉名別念。又豈但佛法中事，於心體上取之捨之，執之化之，悉別念矣。

（一七）做工夫，人多云做不上，即此「做不上」便做去。如人不識路便好尋路，不可云尋不著路便休耶（中略）。古德云：「無門解脫之門，無意道人之意。」貴在體悉個入處。

（一八）做工夫最怕的一個伶俐心，伶俐心為之藥忌，犯著些毫，雖真藥現前，不能救耳。若真是個參禪漢，眼如盲、耳如聾，心念纔起時，如撞著銀山鐵壁相似。如此則工夫始得相應耳。

（一九）做工夫不怕錯，只怕不知非。縱然行在錯處，若肯一念知非，便是成佛作祖底基本、出生死底要路、破魔網底利器也。釋迦大師於外道法，一一證過，祇是不坐在窠臼裡，將「知非便捨」四個字，從凡夫只到大聖地位。

（二〇）做工夫不可避喧向寂，瞑目合眼，坐在鬼窟裡作活計。古所謂黑山下坐、死水浸濟，得什麼邊事？只須在境緣上做得去，始是得力處。一句話頭頓在眉睫上，行裡、坐裡、著衣喫飯裡、迎賓待客裡，祇要明這一句話頭落處，一朝洗面時摸著鼻孔，原來太近，便得個省力。

（二一）做工夫最怕認識神為佛事。或揚眉瞬目，搖頭轉腦，將謂有多少奇特。若把識神當事，做外道奴也不得。做工夫正要心行處滅，切不可將心湊泊，思惟問答機緣等。……若大理徹時，一一三昧，從自心中流出，思惟造作何啻霄壤也。

（二二）做工夫祇在一則公案上用心，不可一切公案上作解會，縱能解得，終是解非悟耶。《法華經》云：「是法非思量分別之所能到。」《圓覺經》云：「以思惟心，測度如來圓覺境界，如將螢火熱須彌山，終不能得。」洞山云：「擬將心意學玄宗，大似西行卻向東。」大凡穿鑿公案者，須皮下有血，識慚愧始得。

（二三）做工夫提起話頭，祇是知疑情打不破，畢竟無第二念。（中略）道不可須臾離，可離非道也。工夫不可須臾間斷，可間斷非工夫也。真正參究人，如火燒眉毛上，又如救頭然，何暇為他事動念耶？古德云：「如一人與萬人敵，覿面那容眨眼。」看此語做工夫最要，不可不知。

（二四）做工夫自己打未徹，祇可辦自己事，不可教人。如人未到京城，便為他人說京城中事，非但瞞人，亦自瞞耳。

（二五）工夫或得輕安，或有省發，不可便為悟也。

博山當時看船子和尚「沒蹤跡」句，一日因閱《傳燈》，見趙州囑僧云：「三千里外逢人始得。」不覺打失布袋，如放下千斤擔子，自謂大悟。逮見寶方，如方木逗圓孔，始具慚愧。若悟後不見大善知識，縱得安逸，終是未了。

寶方勉余偈云：「空拶空兮功莫大，有追有也德猶微。謗他迦葉安生理，得便宜處失便宜。」此是百尺竿頭進步句，衲僧輩不可不審。余嘗謂學者云：「我得寶方不肯兩個字，受用不盡。」

（二六）做工夫不得作道理會，但硬硬參去，始發得起疑情。若作道理會，祇是乾爆爆底，豈但打不徹自己事，連疑情亦發不起。

（二七）做工夫不可作無事會，但憒然要明此理，若作無事會，一生祇是個無事人，衣線下一件大事，終是不了。如人覓失物相似，若覓著始了，若覓不著，便置在無事甲裡，無有覓意，縱然失物現前亦當面錯過，蓋無覓物意耳。

（二八）做工夫不可作擊石火電光會。若光影門頭，瞥有瞥無，濟得甚事？要得親履實踐，親見一回始得。若真真得意，如青天白日之下，見親生父母相似。世間之樂事，更無過者。

（二九）做工夫不得求人說破，若說破，終是別人底，與自己沒相干。如人問路到長安，但可指路，不可更問長安事。彼一一說明長安事，終是彼見底，非問路者親見耶。若不力行，便求人說破，亦復如是。

（三〇）做工夫不祇是念公案，念來念去，有什麼交涉？（中略）不但教不必念，不妨一一舉起話頭，如看「無」字，便就「無」上起疑情。如看「栢樹子」，便就「栢樹子」起疑情。如看「一歸何處」，便就「一歸何處」起疑情。疑情發得起，盡十方世界，是一個疑團。不知有父母底身心，通身是個疑團。不知有十方世界，非內非外，滾成一團。只待彼如桶箍自爆。

（三一）做工夫不可須臾失正念，若失了參究一念，必流入異端，忘忘不返。

如人靜坐，只喜澄澄湛湛，純清絕點，為佛事。此喚作失正念，墮在澄湛中。

或認定一個能講能談能動能靜為佛事，此喚作失正念認識神。

或將妄心遏捺，令妄心不起為佛事，此喚作失正念。將妄心捺妄心，如石壓草。（中略）

或觀想身心如虛空，不起念，如牆壁，此喚作失正念。玄沙云：「便擬凝心斂念，攝事歸空，即是落空亡外道魂不散底死人。」總而言之，皆失正念故。

二、疑情與生滅心

（一）疑情發不起，皆是識心使然。若肯一念知非，全身放下，見善知識，求個入路則可。（下略）

（二）做工夫疑情發不起，將情識妄想心遏捺令妄心不起，到無起處，則澄澄湛湛純清絕點。此識心根源，終不能破，於澄湛絕點處，都作個工夫理會，纔遇人點著痛處，如水上捺葫蘆相似。此是生滅心，非禪也。

蓋為最初不肯參話頭、起疑情，縱遏捺得身心不起，如石壓草。若死得，識心成斷滅去，正是落空亡外道。若斷滅不去，逢境緣時，即引起識心。於澄湛絕點處，便作聖解，自謂得大悟門。縱則成狂，著則成魔，於世法中，狂妄無知，便起深孽，退人信心，障菩提道。

（三）做工夫疑情發不起，將身心器界，悉皆空去，空到無管帶處，無依倚處。不見有身心，不見有世界，非內非外，總是一空。謂空便是禪，謂空得去便是佛。行也是空，坐也是空，空來空去，行住坐臥如在虛空中行。此是生滅心，非禪也。

不著則成頑空，冥然無知。著則成魔，自謂大有悟門，殊不知與參禪沒交涉。若真是個參禪漢，發起疑情，一句話頭，如倚天長劍，觸其鋒者，即喪身失命。

（四）做工夫疑情發不起。將身心看破，純是假緣，其中自有一物，往來、能動、能靜、無形、無相，於六根門頭，放光動地。散則遍周沙界，收則不立纖塵。向這裡一認認定，不肯起疑情，不肯參究，便謂了事人。此是生滅心，非禪也。

殊不知，生死心不破，將此等為快意，正是弄識神。一朝眼光落地，便作不得主，隨識神牽引去，隨業受報去。（中略）

以此觀之，參禪全要見人，若自作主宰，總用不著。

（五）做工夫疑情發不起，於境緣上生厭離，喜到寂靜無人處坐去，便覺得力，便覺有意思。纔遇著些動處，心即不喜。此是生滅心，非禪也。

坐久則與靜境相應，冥然無知，絕對絕待，縱得禪定，凝心不動，與諸小乘何所異也。

稍遇境緣則不自在，聞聲見色，則生怕怖，由怕怖故，魔得其便。由魔力故，行諸不善，一生修行，都無所益。皆是最初不善用心，不善起疑情，不肯見人，不肯信人，於靜謐處，強作主宰。縱遇善知識，不肯一念知非，千佛出世，其奈爾何？

（錄自《博山和尚參禪警語》，《卍續藏》一一二．九四七—九六二頁。第一章原名「示初心做工夫警語」，第二章原名「示疑情發不起警語」。聖嚴僅摘錄其中的大部分而有益於今日的初學者）

聖嚴識　博山無異元來（西元一五七五—一六三〇年），又號大艤，是明末中國的一位禪宗大師，他十六歲聽《法華經》，接著便到五台山出家，先學天台三觀，經五年受比丘戒。當時無明慧經（西元一五四八—一六一八年），倡曹洞法門於峨峰及寶方，無異元來即在慧經的印可而得法。

他的禪法，傳自曹洞宗，從他的《參禪警語》看來，用工夫的方法卻與臨濟宗的看話禪無別。在明末四大師之中的蕅益智旭（西元一五九九—一六五五年），也最敬服無異元來，可知這位禪師是當時非常傑出的高僧，而且講究鍛鍊參禪者的方法。雖然他是禪師，卻是主張宗門與教下相通之說的人，故他著有《宗教通說》一卷。他的《參禪警語》專門為指點學者而說，與戒顯禪師的《禪門鍛鍊說》站在長老自身的立場而言者，恰成對比。

《禪門鍛鍊說》要略

戒顯禪師

自序

鍛禪說而擬之孫武子，何也？以正治國，以奇用兵，柱下之言確矣。佛法中據位者，治叢林，如治國；用機法以鍛禪眾，如用兵。奇正相因，不易之道也。

拈華一著，兵法之祖，西天四七，東土二三，雖顯理致，暗合孫吳。至馬駒蹴踏，如光弼軍，壁壘一變。嗣後黃檗、臨濟、睦州、雲門、汾陽、慈明、東山、圓悟諸老，虛實殺活，純用兵機。逮乎妙喜，專握竹篦，大肆奇兵，得人最盛。五家建法，各立綱宗，韜略精嚴，堅不可破，而兵法全矣。

自元及明中葉，鍛鍊法廢，寒灰枯木，坑陷殺人。幸天童悟老人，提三尺法劍，開宗門疆土。三峰藏老人，繼之，恢復綱宗，重拈竹篦，而鍛鍊復行，陷陣衝鋒，出眾龍象。靈隱本師，復加通變，啐啄多方，五花八門，奇計錯出，兵書益大備矣。

余昔居板首，頗悟其法。卜靜匡山，逼住歐阜，空拳赤手，卒伍全無。乃不辭杜撰，創為隨眾、經行、敲擊、移換、擒啄、斬劈之法，一時大驗。雖當場苦戰，而奏凱多俘。用兵離奇毒辣，蓋至極矣。

因思人根，無論利鈍，苟得鍛法，皆可省悟。以人多執死法，不垂手險崖，雖有人材，多悲鈍置，遂不敢祕，著為鍛禪之說，流布宗門。老師宿衲，雖得此說。未必能行矣，豈惟不行，或反嗤議。初踞曲盝者，其身英強，其氣猛利，依此兵符，勤加操練，必然省悟多人，出大法將。所願三玄戈甲，永見雄強，五位旌旗，不致偃息。知我罪我，所弗惜焉。則雖謂之禪門孫武子可也。

歲次辛丑孟春上元日住雲居晦山僧東吳願雲戒顯自識

一、堅誓忍苦

夫為長老者，據佛祖之正位，則應紹佛祖之家業；作人天之師範，則應開人天之眼目。人天眼目者何？佛性是已；佛祖家業者何？得人是已。為長老而不能使眾生開悟佛性，是謂盜名；據正位而不能為佛祖恢廓人材，是為竊位。然欲使眾生開悟佛性，則其心必苦，非揣摩剝削，曲盡機權，則眾生佛性不能悟也；欲為佛祖恢廓人材，則其身必勞，非勤勇奮厲，痛下鍼錐，則法門人材不能得也。

是故為長老者，必先起大願，立大誓，然後顯大機，發大用。誓願者何？初為長老，即當矢之龍天，籲之佛祖，苟能使眾生開悟佛性，則雖磨筋骨，弊精神，如鑿山開道，竭其力而殉之，不應辭也。苟能為法門恢廓人材，則雖殫朝夕，忘寢食，如嚙雪吞氈，捍其苦而為之，不應憚也。（中略）

況為長老者，道在津梁三有，濟拔四生，為從上佛祖，增益慧命，為大地眾生開鑿眼目，此何等重任。而顧愛惜勞苦。（中略）既愛惜勞苦，必深居端拱，隔絕禪流，養尊處優，晏安自適，等叢林於傳舍，視禪眾如胡越，冬期夏制，祇了故文，豈不上辜佛祖，仰愧龍天，下負師承，為法門罪人也哉！

教中道，菩薩為一眾生，歷微塵劫，受大勤苦，終不疲厭。今禪眾或數十，或百或千，機器當前，豈止一人而已乎？

又云，菩薩為眾生故，捨頭目髓腦，血肉手足，遍滿大地，積如須彌，誓不以苦故，退失大心。

況鍛鍊禪眾，即勞筋苦骨，飲冰茹蘗，較之捨頭目血肉者，縱什百千萬，豈能及菩薩萬分之毫末乎！既入此門，孰不以知識自居？既為長老，孰不以佛祖自任？處其位，當行其事；任其名，當盡其實。

禪眾者，實長老成佛之大資具也；鍛鍊者，實諸祖得人之大關鑰也。不勤鍛鍊，則必不能開眾生眼而得人；不發誓願，則必不肯為鍛鍊故而忍苦。

是故，未陳鍛鍊之方，先請堅發誓願，誓願立而大本正矣。故曰堅誓第一。

二、辨器授話

欲鍛禪眾，當示真參；欲下鉗鎚，先辨機器。臨濟曰：「我此間作三種根器斷：或奪境，或奪人，或奪法，或俱奪，或俱不奪。」此辨驗機器之大要也。

唐代禪風鼎盛，機器不凡，老古錐接人，皆全機大用，頓斷命根，純用活機，殊無死法。至宋以後，參禪用話頭，而死法立矣。

然人至末法，根器愈劣，智巧愈深，狂亂愈紛，定慧愈淺。主法者欲令禪眾開廓本有，透脫牢關，不得不用死法，時代使然也。然不善用，則雖活法，皆成死法，能善用之，則死法中，自有活法。活法者何？辨機器是已。

禪眾入門，先以目機銖兩，定人材之高下；次以探竿影草，驗參學之淺深。立主立賓，一問一答，絲來線去，視其知有與否，而人根見矣。

或上上機器來，即以師子爪牙，象王威猛，拋金圈，擲栗棘，視其透關與否？而把柄在師家矣。

人根既定，方令進堂。既進禪堂，即應入室，隨上中下機器而示以話頭。其已歷諸方舊有話頭者，或搜刮、或移換、或撥正，雖事無一法，然話頭正而定盤星在矣。

或曰：有不用話頭，竟以德山、臨濟，便棒、便喝接人者，如何？曰：奇則奇矣，然視人根太高，而不可概用也。有不論機器利鈍，禪眾多少，祇用一話頭而不變者何如？曰：均則均矣，然視人根太混，雖參而多不得益也。請言其故。

不用話頭者，誠直截痛快，不帶廉纖矣。然在昔人則可，在今時則不可。何故？昔人根器高勝，定慧力強，一經名師大匠，棒喝提持，一信永信，更無誵訛，一徹永徹，更無反覆，所以可用。今人以最深之智巧，最紛之狂亂，不用話頭，重封密鎖，痛箚深錐，令情枯智竭，驀地翻身。而但用擊石火閃，電光一著，以為門庭，縱或承當，多屬光影。而於言句關棙，宗師血脈，總未覷透，以此號省悟，將來反覆，不可言矣。故不可用。非全不可用，不可概用也。老黃龍語晦堂曰：「若不看話頭，百計搜尋，令自見自肯，即吾埋沒汝也。」豈不信哉！

止用一話頭者，似平等簡徑，不落揀擇矣。然禪眾中，生材有利鈍，受氣有純駁，信道有淺深，參學有久暫。買帽者，當相頭；著楔者，須看孔。自然之勢也。宜數息者，教令觀白骨；宜觀骨者，教令數息，雖佛世不能證果，況末法乎？明大法者，察氣候以下鉗鎚；識通變而施錐鑿，三根皆利矣。使不問利鈍、純駁、淺深、久暫，徒用一話頭以箍學者，畫地而為牢，釘樁而搖櫓，高者抑而不能下，卑者跂而不能至矣。此所謂活法而成死法也。妙喜曰：「善知識大法不明，止以自證悟處指示人，必瞎卻人眼。」非此之謂乎？

然則指授話頭，當用何法？亦仍曰，作三種根器斷而已矣：

初機參學者，話太艱深，必然扞格，須令稍有咬嚼，以發其根本。

氣宇英靈者，話頭寬鬆，易滋卜度，須令壁立萬仞，以斷其攀緣。如「萬法歸一」、「父母未生前」、「死了燒了」等，乃至目前一機一境。雖智愚，皆可用，而初機為便。

「南泉三不是」、「大慧竹篦子」、「道得道不得皆三十棒」、「恁麼不恁麼總不是」等。雖高下皆可用，而英靈為便。

更有擎頭戴角、知見雄強者，師家爪牙，倍宜毒辣，或機權喜怒以劃其命根，詰曲譎詭以去其祕蓄。臨濟所謂「全體半身」、「獅子象王」等，皆為若輩而設。此則視師家作用何如，不可言傳也。

要之，話頭雖多種不同，皆須上截妙有關鎖。既有關鎖，學人用心時，四門堵塞，六路剿絕，下截審問處，其發疑情也必真。疑情既真，則擴悟機也必徹。東山立盜父鎖櫃，令子潰圍之喻，非不傳之祕乎？

然亦有機器，宜參答語者，如「麻三觔」、「乾矢橛」、「青州布衫」、「庭前柏樹子」，乃至「狗子無佛性」等。

亦有機器，宜參機用者，如入門便棒、進門便喝；睦州接雲門、汾陽接慈明等。往往發大悟門，亦視師家用處何如耳，無死法也。

間有時師，不知關棙，止教人參「如何是西來意？」「如何是本來面目？」「如何是學人自己？」者，此則上無關鎖，望空啟告。師家下刀不緊，學家發疑無力。死水浮沉，白首不悟。坐病在此，豈不惜哉！

最誤人者，有初進禪門，根本未悟，遂令參「南泉斬貓」、「百丈野狐」、「丹霞燒佛」、「女子出定」等話。此真方木逗圓孔，唐喪人光陰，而天地懸隔者矣。謂之杜撰，不亦宜乎？（下略）

三、入室搜刮

既示話頭，即當指令參究。然參法有二：一曰和平，二曰猛利。和平參者，人難於省發，即或有理會，而出人必弱。猛利參者，人易於省發，一入其爐鞴，而出人必強。此其故何也？

蓋參用和平，則優柔紘緩，止能抑其浮情，汰其粗識，久久成熟，止棲泊於純清絕點而止，叩關擊節，必無冀矣。故曰省發難也。冷灰豆爆者，縱十成無滲漏，猶是平地死人，一遇手腳毒辣荊棘門庭，即冰消瓦解，況能歷大事、任大擔。領大眾而不傾仄乎？故曰出人弱也。

若欲求人啐地斷、曝地折、猛燄裡翻身、險崖中斷命、能禁顛撲、受敲磕，而晏然不動者，則非猛利參不可。猛利雖勝，恐力難長，欲期尅日成功，則非立限打七不可。立限起七，不獨健武英靈，奮迅百倍，即懦夫弱人，一求入保社而心必死，亦肯捐身而捨命矣。故七不可以不限也。

若欲起七，入室為先，入室非虛文而已也。長老既以鍛鍊為事則操心宜苦，用意宜深，立法宜嚴，加功宜細。欲至堂中，先須識禪眾之號與貌，與各各本參話頭，然後可以垂手鍛鍊。蓋不識其人，雖聚首九旬，事同陌路。（中略）識其人矣，而不諳其本參，即長老落堂，欲施逼拶，其道無繇。（中略）

若欲知之，其法在乎入室而搜刮，蓋人根不齊，參學有多種差別。雖領話頭，或無志參究，或死心不得，或有志而疑情發不起，或纔舉話頭而妄想偏纏，或參究累年而不解工夫為何事，或援經教理路以配話頭，或止借話頭而排遣妄想，或以無事甲裡而自躲根，或硬承當以為主宰，或認泯默無縫以為徹證。總緣無人撥正，內無真疑，致成多病，皆當於入室時，一一搜剔，一一掃蕩，與之解黏去縛，斥滯磨昏，斬其伴侶挾帶之絲，砭其膏肓必死之疾，指令真參，而路頭必正矣。（下略）

四、落堂開導

已經入室搜刮精當，無錯路矣。然學家參究，如逆水行舟。（中略）是故堂中開導，事為最急。開導非三日五日一轉而已也，要須一日三時，勤勤開導。開導之法，當相其機宜，觀其勤惰，中其緩急，事雖難定，略言其端，大約有四：一曰悚立志，二曰示參法，三曰警疲怠，四曰防魔病。而所最忌者，扯葛藤、說道理。

何謂悚立志？（中略）欲下參究之初，先令樹鐵石心，發金剛誓，以為前導，寧骨斷筋枯，非洞明大事不止也。寧喪身捨命，非徹透牢關不休也。具此透脫生死堅固誓願，則發疑情也必真；辦此擔荷佛祖剛強志氣，則下參究也必力。疑情真，參究力，焉有不究竟徹悟者乎？

何為示參法？古云：大疑大悟，小疑小悟，不疑不悟。故疑有十分，斯悟有十分。而世有教人死守話頭，不起疑情者，此參禪大病也。蓋參禪雖不可胡亂卜度，而亦不可死守話頭。但守話頭，則所繫者枯樁，所沉者死水，所磨者刀背而已矣。若非發起真疑，機輪內轉，即坐至驢年，亦不得悟也。學人喜行此路，則沉空滯寂，久之以窠臼為樂，竟不信有悟矣。師家喜以此教人，則以枯木堂禪為極頭，聞他家機下省發人，必然生謗矣。而孰知事，大不然也。蓋生死心切，則生疑，疑生悟。故長老當禪眾靜坐，須示令放下萬緣，寸絲不掛，將話頭上截關竅，銳意研窮，研窮無路，然後併心下句，盡力挨拶，挨拶力竭，從頭又起。久久，情識盡，知見忘，悟道易矣。此不易之參法也。

何謂警疲怠？參太平禪者，從容和緩，半浮半沉，如水浸石，無進無退。即或苦參，而工夫難於成片。即或成片，而卒急不得省悟。以無人鞭策而激發也。參猛利禪者，人雖易省悟，然正參時，上根利智，有進無退；機器中下者，猛利一回，筋力倦怠，易進而亦易退，故須長老勤勤而鞭策也。鞭策之法，寧緊峭，毋寬鬆；寧毒辣，毋平順；寧斬釘截鐵，毋帶水拖泥。時時以苦言厲語，痛處著錐，苟有血性者，必忿怒而向前矣。

何謂防魔病？初機識性，狂亂萬端，所以開示話頭，必須上截關鎖。關鎖縝密，搜剔精嚴。意地邪思，不能帶影。學家所以止有悟道而無著魔也。萬一師家不觀機器，授話不重關鎖，任其紛飛業識，狂亂思惟，則熟人熟境，暗地奔騰，異見異聞，識田擾亂。初參學人，無智慧以照破，無道力以攝持。或疑或怖，或喜或悲，突然竊發而魔事作矣。（中略）若長老勤勤開導，用意防閑，則無此患矣。至於致病多端，不能備舉，最易犯者，無如迸氣胸前，以為勇猛，及灰心冷坐，以求澄湛，二者為甚也。蓋參禪祕要，祇在真實騰疑，而不在乎迸氣。自元代以來，有邪師者，多教人豎起脊樑，咬定牙關，緊捻雙拳，高撐兩眼，內實無真疑而外形猛狀，日以硬氣迸塞胸膺，其勢必至於心痛而咯血。（中略）其次坐冷禪者，亦不起真疑，死心參究，一上禪床，惟萬端排遣，消歸無事，意想或生，即以一口氣不來等話，密念幾回，遂認四大非有，萬法俱空，灰心泯智，澄湛不搖，以為工夫極則，勸令經行，心慮打失，寸步不移，坐至歲深，血脈不舒，易成浮腫而亦多火證，此實病在膏肓，而世醫拱手者也。

欲除諸患，存乎善知識不惜疲勞，日至堂中，勤行開導，或發其堅志，或示以真參，或警其疲怠；次則摧蕩其識情，刬抹其知見，掃除其岐路，剿絕其病根，則魔病眾患，無從竊發，而學人真悟，不難冀矣。

五、垂手鍛鍊

語曰：不入虎穴，爭得虎子，為長老而不得鍛鍊之法，雖龍象當前，盡成廢器，積數十年而不得一人省發也。即有一個半個，皆齷著磕著，如蟲禦木，偶而成文，而非鍛鍊之功也。

苟明鍛鍊，雖中下資器，逼拶有方，如一期人，廣可以省發數十人也。妙喜鍛五十三人而悟十三輩；圓悟金山一夕而省十八人，雖語驚時聽而古今實有此事也。何地無水？不鑿則不溢；何木石無火？不鑽不擊則不發。眾生具有佛性，猶地之有水，木石之有火，不得善知識以妙密機用，毒辣鉗錘，疏之濬之，敲之磕之，而欲覬其桶底脫落，自透牢關，雖上上機器，必望崖而返矣。是故垂手鍛鍊，不可不講也。

然真欲鍛鍊人材，則長老必苦，執事必勞，禪制之中，長老須時時在堂，同眾起倒，即不能然，亦必三轉五轉在堂，隨眾行坐，鍛鍊之器，在善用竹篦子。蓋竹篦起自首山，盛行於大慧，再興於三峰，此歷代老古錐，鍛鍊衲子之器，非創設也。

竹篦長須五尺，闊止一寸，稍稍模稜，去其銳角，即便捷而易用。若夫拄杖子，設法接機則可，鍛鍊決不可用，即用亦不靈也。至於銅鐵如意，以降禪眾而已，稍近則頭迸腦裂，非鍛鍊之物也。

用竹篦者，其功便於逼拶，而其妙在乎敲擊，禪眾坐時，則執之以巡香，行時即握之為利器。

三板止靜，長老必先開示，如前所說，不必瀆矣。香安半炷，即鳴引磬。

今禪眾經行，經行之法，先緩次急，漸歸緊湊。長老亦頻頻握竹篦，隨眾旋繞，當經行極猛利時，即用兵家之法，出其不意，攻其無備，或攔胸把住，逼其下語，或劈頭一棒，鞫其本參。待其出言，復奪賊鎗而殺賊；伺其轉變，更將錐子而深錐。雷崩電閃時，莫令停囚長智；結角羅紋處，重為奪食驅耕。或捨棒用掌，而短兵相接；或為此擊彼，而間道出奇；或照用同時，而矢石交攻；或棒喝俱行而炮弩齊發。

工夫未極頭，則千鎚而千鍊；偷心未死盡，則百縱而百擒。務將學人曠大劫來，識情影子，知見葛藤，摟其窟穴，斬其根株，使其無地躲根，漸至懸崖撒手。

一錐一劄，機候到者，不難啐地斷，曝地折矣。此非背水設陣中所謂置之死地而後生，置之亡地而後存乎？鍛鍊禪眾，亦若是則已矣。

夫長老如是以為眾，亦可謂難矣。然得此道也，則易於出人，亦可謂妙矣。天下事，未有難而不妙者，亦未有妙而不難者。（下略）

六、機權策發

天下凡事利用順，而獨禪門利用逆，為人治事喜於善，而鍛鍊學人則喜於惡。不惡，不足以稱天下之大善也，不逆，不足以稱天下之大順也。（中略）

鍛鍊不用威，則禪眾疲怠無由策發，必不能使透關而徹悟。策發不用權，則嚴規肅矩，祇成死法，亦不能使憤厲而向前。故鍛鍊一門，事有千變而機用至活也。

善能使人省發者，行坐定香，不可太久，坐太久則昏倦必生而話頭無力矣；行太久則足力疲倦而坐便昏沉矣。故禪門常規，行坐必香一炷，而余酌而中之，短香可以一炷，長香止用折半。坐半炷，則靜參必精彩，稍欲倦而下單經行矣。行半炷，則動參必猛利，足欲疲而抽解消息矣。

然，參禪打七，至時日稍久，夜分過半，禪眾漸趨倦怠，為長老者，以甘言誘之而不加勸也；以和顏接之而不加厲也。即策之以香板，而糢糊如故也。此時欲作其氣、賈其勇，惟有奮大機權，施大毒辣，發大忿怒。或鬨堂詬罵，或旋風捶打。所謂多人憤恨語、不可聽聞語、如火燒心語。崩崖裂石、拋向面前，而禪人之昏倦，廓然立散矣。（中略）又如臨大壑、對深濠，安常處順，千萬人不能跳越也，大兵猛虎驅其後，則一擲而過矣。

臨濟曰：「或把機權喜怒。」至汾陽慈明，慣用此法也。非所謂嫡骨相承者哉？

故善知識者，其心至慈，其用至毒，所具者諸佛菩薩之心，而所行者阿修羅王之事，乃可以托動三有大城，而不懼也。無厭勝熱，未嘗傷一蟲蟻。而屠裂割剝，窮刑極罰，增人厭怖。通此用者，乃可為人抽釘拔楔，敲枷打鎖。不然則守死善道而已，自救且不了，而能為人乎？

大慧曰：「諸方說禪病，無有過湛堂者，只是為人時，下刃不緊。」

圓悟曰：「下手時，須至苦至毒，方始不虛付授也。」

神仙祕訣，父子不傳，從上鍛鍊門庭，類皆如此。使不用此策發，猶駕馬者，止令伏櫪，不加鞭影，雖有驊騮騏驥，追風天馬，亦困鹽車矣。安所得飛黃腰褭之用哉？

然則近世有通宵打七，竟不放參者，如何？曰：此法似極猛利，而實最無益也。蓋參禪打七，原以期悟道，而非之以遣睡魔。若止以除瞌睡，入火場煉魔足矣。參禪保社，不必進也。真欲求省發者，其喫緊處在中夜放參一睡，次日方得志氣清明，精神英爽，發起真疑，力求透脫。不達此機，死以捱香為事，參不三日，行則雲霧，坐則醉夢，昏沉之至也，壓如泰山。而所謂話頭者，付之東流矣。尚望其心華發明也哉？豈惟參禪不得，而昏沉中更加亂想，著景發譫，見鬼見神，繇此出矣。是謂不達方便之癡禪也。（中略）故深明鍛鍊者，通方便、識機權、遠過患，而後可以為善知識也。

七、奇巧回換

省發一也，然機下透脫，與冷地觸發，其功用迥然不等。

冷地參究者，就體消停，不得善知識鉗錘移換，每十年二十年，而不得省發，即或暗地點胸點肋，至兩刃交鋒，即出手不得。

機下透脫者，其偷心必死，疑根必盡，解路必絕，至險崖機下，轉處得力而遊刃有餘。是故從上古錐，論悟道者，必貴乎機下也。馬祖、百丈、黃檗、臨濟，以至汾陽、慈明、東山、圓悟、大慧諸老，皆大機大用，電閃雷奔，不可近傍，一鎚、一椌、一捱拶、一回換，命根頓斷，正眼洞明，大龍大象，雲興霧擁，宗門斯鼎盛矣。

至元代以後，列祖鍛鍊之法不行，止貴死坐冷禪，寒灰枯木，古廟香爐，冷啾啾地，不動不搖，以為得力，反詆諸祖機用，以為門庭施設，黜五家綱宗為奇名異相，牢籠學者，而宗風遂大壞矣。

是故奪人、奪境、奪法，臨濟七事不明，左咬右咬，咬去咬住，巖頭活法不諳，則必不能當機移換。其法既失，有請益者，止有開示死話頭，令其灰心冷坐，相率入枯木堂，習不語禪。妙喜呵為默照邪禪者，反室中祕授以為至寶。傳至明葉，此教盛行。繇是走禪門者，類以枯坐之久暫，敍工夫之勝劣，提著悟字，如呼父名，如犯國禁，而參禪一法，遂為葬送人根之地矣。

幸天童悟和尚，以一棒闢其門庭，而奮大機用；三峰藏和尚，以七事行其鍛鍊，而究極綱宗；本師靈隱禮和尚，復以五家妙密，多方通變，而廣被群機。繇是料揀，照用、賓主，回換之法，復見於世，而宗門日月，赫然中興矣。

蓋學家參禪，不得洞悟，病有多端：有扞格而不前者，有廉纖而不斷者，有死銜話頭而不起疑情者，有沉坐冷灰而竟當本分者，有認揚眉瞬目為全提者，有執一言半句為了徹者，有穿鑿公案為博通者，有卜度綱宗為究竟者，有一切剗抹為向上者，有不上機境為獨脫者，有以古今公案為分外枝節者，有以最後牢關為強移換人者。總因不經師匠，不得真悟，不透綱宗，偏知異見，舉起千差。

所貴善知識者，因病與藥，看孔下鍼。如郢人削堊，運斤成風；如庖丁解牛，披卻導窾。一機之下，一句之間，能令學人枷鎖頓脫，心眼洞開，其法在於善用回換。回換不一，有法戰之回換，有室中之回換，有回換之回換，有不回換之回換。

法戰回換者，眾中逼拶，學人出語，有隙即攻，有瑕即擊。能返擲者，更加以追蹤之句；死機下者，即示以活人之刀。轉轆轆，活卓卓，務令學人無處立腳，即與斷命根不難矣。

室中回換者，學人或明前而不能明後，或道頭而不知道尾。或箭欲離弦但須一撥；或泉將出竇，止在一通。長老不妨令其再問，或代一語而即悟；或更一字而廓然。此神仙國手而最奇巧者也。

回換之回換者，佛性誰無，別曰誰有？而其僧即悟。入門逢彌勒，出門見達摩。別曰入門逢什麼，出門見阿誰？而其僧亦悟。乃至胡張三、黑李四，昨日是今日不是等。此回換之回換也。

不回換之回換者，如何是曹源一滴水？答是曹源一滴水；丙丁童子來求火，無雲生嶺上，有月落波心等。但重舉一轉，而前人即徹。此雖不回換，而亦回換也。

善知識者，於是諸法，如承蜩，如弄丸，如貫蝨，發之而必應，用之而無滯者，何耶？曰：以能用綱宗而以活機接人故也。得宗綱，則料揀熟而回換得行。手精眼快，明辨來風，一任旋乾而轉坤，移星而換斗。向上牢關，可令人人透脫。止重本體禪而不諳綱宗，則前人一機一境，橫拈豎弄，死守膠盆。長老無道以回換，則藥汞銀禪，得以假雞偷關竟過，而悟不徹頭矣。然則，欲鍛鍊禪眾者，綱宗所係，豈細故哉？

八、斬關開眼

回換固難矣，至斬破重關，開人眼目，非鶻眼龍睛，具弄大旗手腳者不能，則尤難之難也。（中略）

欲得斬關之訣，其功存乎逼拶，其奧在乎回換，而其力則又係乎開導而策發。不開導則行路或岐，不策發則縱火不旺，不逼拶則心智不絕，不回換則賊情不窮。四法不盡而求人之噴地省悟，火未到而索飯，果未熟而求脫。雖負大名之長老，具大器之學家，惟機教不叩，兩相辜負而已。

是故，善鍛鍊者，心不厭細，功不厭繁，事不厭周，法不厭備。長老同眾坐香，今日如是開導，明日如是策發，則路頭必正，而火力旺矣。隨眾經行，今日如是逼拶，明日如是回換，則心智必絕，而賊情窮矣。至於旺而加旺，窮而更窮，而所謂鶻眼龍睛，殺活刀劍者，可得而用矣。

有英年奇雋，意氣雖盛強而參請日淺，活而未能死者，法當用殺。有號稱老參，工夫雖沉著，而灰冷成病，執而不能化者，法當用活。應殺而用活，薄處攔破，其禪不真，往往易於承虛接響。應活而又殺，學人灰滅，病在膏肓，不應更於披枷帶鎖。方其未悟也，用殺者常十之九，用活者止十之一，以殺易施而活難用也。

然而，又有殺活齊行者，斯何人哉？蓋有擎頭戴角，具佛祖剛骨，負龍象異姿，而氣宇如王者。纔見如此人來，則羅網欲寬，擒拿欲大，機穽欲密，鉤錐欲辣，敲骨打髓，捱至百尺竿頭，痛箚深錐，漸到懸崖撒手，張弩力滿，止在發機。遇賊隘途，不容眨眼。當斯時也，更無事策發、無庸回換，直須以殺活聖箭，迅雷一擊。緊峭言句，頂門一劄。桶底自脫，命根立斷矣。此猶推人於萬丈之崖而不能停也，轉圓石於千仞之上而不可留也；亦如金鍼之撥轉瞳神而立使光明也，豈不異矣哉。馬祖之接水潦、睦州之接雲門、大愚之接臨濟、巖頭之接雪峰、船子之接夾山、汾陽之接慈明、慈明之接黃龍、大慧之接教忠西禪，非用此道耶。其餘見之燈錄，載之傳記，諸祖機用，霆崩雹激，鳳翥龍騰，烈烈轟轟，照耀古今，不可悉數。何嘗教人止休去歇去，坐死禪、守冷竈、不起疑情而將心待悟者，為是耶？

高峰云：「工夫如轉石萬仞，直墮深崖，更無絲毫隔礙。如此用心，七日不悟，妙上座永墮阿鼻地獄。」又何嘗必限人幾十年，經冬過夏，坐破蒲團，守工夫窠臼，以沉滯為極則者耶。

總之，學家不遇鍛鍊，即受盡荼苦，費盡精神，磨裩擦褲，竭一生之力而透脫無門也。師家不知鍛鍊，即眼空四海，氣吞諸方，死守格套，而不能垂手斬劈，即開爐數十年而等閒不出人也。（下略）

九、研究綱宗

夫所謂真禪者，有根本、有綱宗。根本未悟，而遽事綱宗，則多知多解，障塞悟門，必流為提唱之禪而真悟亡矣。根本既悟而撥棄綱宗，則承虛弄影，莽鹵成風，必流為一橛之禪而宗旨滅矣。是故未悟之綱宗不必有，既悟之綱宗不可無也。

而世以顢頇儱侗為宗門者，徒見世尊拈花、商那竪指、龍樹月輪、伽耶持鑑，乃至俱胝一指、馬祖一踏、雪峰毬、禾山鼓、黃檗三頓、祕魔一杈等，以為宗門大機大用，直揵如此也，孤峻如此也，獨脫如此也。曰：此直指人心也、不立文字也、向上提持也。更與言綱宗一字，則呵為「知解」，指為「實法」矣，詆為葛藤絡索，斥為滯名著相矣。嗚呼！孰知乃似是而大謬也。（中略）

蓋參禪一法，打頭喫緊，在乎用已前鍛法，使透根本，根本既透，又須知此一著之中，有體有用。其為體也，有明有暗、有背有面、有左有右、有頭有尾。其為用也，則有殺有活、有擒有縱、有推有扶、有抬有搦。就對機而言也，則有君有臣、有父有子、有子有母、有賓有主。就賓主而言也，有順成、有爭分、有暗合、有互換、有無賓主之賓主。細而剖之，則有有句無句，無句中有句，有句中無句。有雙明、有雙暗。有同生，有同死。究而極之，則有向上一機，末後一句，古人所謂「始到牢關、不通凡聖」者是也。臨濟有見乎此，乃於直捷之中，立三句、三玄、三要，以正其眼目；建四料揀，同喝四喝、四照用、四賓主、分三種機器，以盡其機用。乃至五家立法，各有門庭、各有閫奧。玄關金鎖，百帀千重，陷虎迷師，當機縱奪。（中略）不如是，不足以斷人命根，而絕人知解也；不如是，則學家情關未透、識鎖難開、法見不消，而通身窠臼也。豈佛祖正法眼藏也哉？

或曰：所貴乎禪者，以不立文字，不涉名言，超然獨脫也。今綱宗一立，則名相紛煩，楷成格則，是增人情識、益人知見，而有實法可求也。聰明者必穿鑿，愚魯者益懞懂矣。真悟道者何貴於此乎。

曰：諸祖所以立綱宗者，正為此也。主人公禪，自謂無情識而渾乎情識也；自謂絕知見而純是知見也，自謂無實法而認定一機一境，恰墮實法也。有臨濟七事，五家宗旨，用妙密鉗錘以鉤錐之、料揀之、剗削之，而知見始消、情識始破、實法始忘矣。窮盡萬法而不留一法，是真直捷；透盡諸門而不滯一門，是真

孤峻；徹盡大法小法一切綱宗而罵除綱宗，是真獨脫。而豈守繫驢橛、倚斷貫索、弄無尾巴猢猻之謂哉？（中略）

夫抹去綱宗者，不但自己宗眼不了，一當為人，動便犯鋒傷手。機境當前而不知踞頭收尾；節角誵訛而不解抽爻換象；掠虛弄滑而不能勘辨；對打還拳而無法翦除。徒恃鑑覺以為極則。法門窠臼不可言矣。然則悟後之綱宗，又曷可少耶？（中略）

是故學家根本已明，當依止師承，溫研密諗，務徹古人堂奧。師家見學人已透根本，更須以妙密鉗鎚，深錐痛箚，務令透綱宗眼目，庶不至彼此承虛接響，而正法眼藏，得永遠而流傳矣。

一〇、精嚴操履

向上一路，千聖不傳，如大火聚，誰敢正眼而覷？如塗毒鼓孰能側耳而聽？機先掣電，已屬遲疑，句下精通，猶為狂見。此何事也，而偲偲問操履、踽踽論功勛哉？

然初祖云：「行解相應，名之曰祖。」雲居膺祖曰：「那邊會得了，卻向這邊行履。」涌泉曰：「見解人多，行解人萬中無一。」

則知從上諸祖，未嘗以行解為二事也。良以有行無解，即操履精純，不出階級，縱有修為，皆名癡福；有解無行，即見地超卓，猶是擔板，雖有悟門，皆屬狂慧。一者有目無足，一者有尾無頭，均之非究竟也。

為長老者，務在鍛鍊人材，料揀偏全，權衡首尾，欲令學人成始而成終，果何道哉？

學家道眼未開，先令參究，以鍛其解，敲骨打髓，痛下鍼錐，而行亙緩問，所謂「但貴子眼正，不說子行履」也。大事既明，即令操履以鍛其行，鳥道玄路，腳下無私而解始諳實，所謂「說得一丈，不如行得一尺」也。

然主法者不用綱宗眼目，微細勘人，徒取一知半解，遴選人材，則俗禪中有二種岐路：

以主人公為禪者，止認身田主宰動轉施為，以為佛祖大機大用，無順無逆，一切皆是，謂之作用是性。由此儱侗習氣竊發，遂至不擇飲啖，不揀淨穢，以為大道者矣。有人規正，則曰：癡人，佛性豈有二耶？是謂以黐膠門而成魔業者也。

以豁達空為禪者，止認本來無物，泯默莽蕩，以為自己安身立命，無佛無祖，一切皆空，謂之向上巴鼻。由此顢頇，邪見得便，遂至不避譏嫌，不顧罪福，而肆行無忌者矣。有人呵諫，則曰抖子，猶有這箇在乎？是謂以鐵鏟禪而滅因果者也。

此二者，雖學者之謬，而亦師家之過也，以其不用綱宗鍛人，而止取光影，互相印授，根器陋劣者，遂生邪解而禍法門矣。蓋師承正，則學者之行解必端，而遞代相承，如以器傳器而源深流長矣。師承不正，則學者之行解必邪，而相襲成風，如烏焉成馬而積薄流卑矣。

何謂師承正？道眼通徹而又重操履。雖為長老，凡事一同乎眾，潔其身，苦其志，夙興而夜寐，以勤苦先德為規繩，而冰霜金玉，道行內充，叢林得以矜式，斯之謂正也。

何謂師承不正？道眼疎狂，而心輕操履，一居師位，凡事不同乎眾，美其饌、蠶其衣，早息而晏起，以晏安鴆毒為灑落。而持蠻執拗呵斥修行，一眾無所取則，斯之謂不正也。（中略）

蓋長老懷邪詭行，固非一端，而最異者，行不踰庸人而以假氣魄作真佛法，輒呵罵佛祖，鞭撻鬼神，而妄擬夫德山臨濟；身現居博地而以因中人冒果地相，每焚毀經像，踐蹋聖賢，而自比於丹霞佛照皓布裩；無南泉歸宗大隨等之徹天眼目，而信意殺傷，自云龍象蹴踏；無羅什、寶誌、布袋、濟顛、酒仙、蜆子等之大權示現，而妄飧酒肉，以致破壞律儀。

殊不知古聖逆行，有古聖之現相；佛祖破執，有佛祖之出身。（中略）今荷擔法門者，無古聖之神通，而徒襲其跡，無佛祖之靈異，而但恣其貪，豈非師蟲狐種，自陷波旬，退人正信，而敗壞法門也哉。（中略）

溈山曰：「參學人雖從緣得一念頓悟自理，猶有無始現業流識，法當淨除。」晦堂曰：「余初入道，自恃甚易，退而自省，矛盾極多，遂力行三年，方得事事如理。」乃至趙州四十年不雜用心；香林四十年打成一片；涌泉四十年尚有走作。皆悟後事也。

先德非不知逆行順行為大人境界，而勤苦操履，至老而不倦者，識法者懼也。然則鍛鍊衲子，使為後人標榜，法門楷模，精嚴行解，蓋可忽乎哉？

一一、磨治學業

大道不在言也，非言無以顯道，佛法不在學也，非學無以明法。（中略）入世不能應物，使人謂禪家者流，盡空疎而寡學，闇鈍而無知，何以抉佛祖心髓，服天下緇素之俊傑哉？（中略）余曰參學二字，諸祖所立，自有次第，雖不可重學而棄參，而亦不可單參而廢學也。

方其根本未明，疑團未破，根無利鈍，皆須苦參，正當參時，剗盡名言，截盡知見，四面無門而鐵山橫路，眉間掛劍而血濺梵天，留一元字腳，褋毒入心，眼中著屑矣。學問云乎哉，其參而得悟也。撲破琉璃瓶，放出遼天鶻，蓋天蓋地而敲空作響，透聲透色而枯木龍吟。諸祖言句，是甚盌鳴聲？三乘教義，是甚繫驢橛？德山大悟，乃云：「窮諸玄辯，如一毫置於太虛，竭世樞機，似一滴投於巨壑。」使不撥置名言，一回大死，以求絕後再甦，有如是廓徹，如是奇特乎？是則不可重學而棄參也。

逮乎疑團破矣，根本明矣，涅槃心易曉，差別智難明，古人有言矣。即涅槃心中，有無窮微細，差別智內，有無限誵訛。諸祖機緣，如連環鉤鎖，五家宗旨，如臥內兵符，言意藏鋒，金磨玉碾而不露，有無交結，蛛絲蟻跡而難通。此豈僅當陽廓落，止得一橛者，謂一了百了，一徹盡徹哉。溫研積諗，全恃乎學也。況不為長老則已，既欲居此位，則質疑問難，當與四眾疏通，偈頌言句，徵拈別代法語等事，當與學人點竄而開鑿，此非可以胡亂而塞責也。且三藏之鴻文，義天浩瀚；五部之戒法，律海淵宏，具在琅函，傳之梵庋，豈可束歸高閣，但儱侗而稱禪；甘作生盲，徒輕狂而傲物。法門典籍，是事糢糊，治世語言，通身黯黑。叩以宗教，則左支右吾；諮以典章，則面赤語塞。開口則鳴同野干，捫舌則醜類啞羊。輒欲冒衣拂，踞曲盝，自稱楊鄭，誑謼閭閻。曰某宗某派也，豈不慚愧殺人也哉。

禮曰：「言之無文，行而不遠。」故鍛鍊衲子，而膠柱一法者，學家多不盡其能。陶鑄人材而文采不兼者，法門多不得其用。

盲人摸象，全無鼻孔者無論矣！鼻孔雖正而木訥無文者，住靜則有餘，利生則不足。

破瓶非器，人品不端者無論矣。人品雖端而幅幅寡學者，但可與修持，不可與扶豎。

此雖學家之資器有定，而亦師家爐鞴不寬之過也。其最偏見者，以曹溪不識字為護身，見學人略究古今，即呵為拋家亂走。（中略）見從上知識，稍有著述者，即貶為知解宗徒，由是天童、雪竇、永明、佛印、明教、覺範、妙喜、中峰、璉三生、泉萬卷，皆貶之為文字善知識矣。豈不冤哉？（下略）

一一、簡練才能

明教嵩曰：「尊莫尊乎道，美莫美乎德。」道德者世出世間之大寶，不聞以才也。有才而無德，寧有德而無才。世法且然，況希佛祖，出生死、練神明、歸寂滅者，所學者何事而才能是問乎？

然安椎魯，守拙樸，鍵戶而寡營。善一身則可，而以主宰叢林，綱紀衲子，肩法門鉅任，豎佛祖高幢，非長才異能，簡練有素，烏能勝任而光大哉？

故治叢林，不可以無才，而亦不可有恃才之人。恃才者進，則為害非細。故推其才又不可不論其德。（中略）然其中最難者，造物生人，全才少、偏才多；才德相兼者少，而不相兼者多。（中略）

其有頭角英異，根本綱宗已明，可望為種草者，則簡練更當周備，不可輕易放行也。

東序，由下而上，則：悅眾，以肅諷誦。直歲，以領眾務。典座，以主烹飪。知庫，以司會計。副寺，以助總理。維那，以飭堂規。監院、都寺，以任院事。（中略）

西序，由卑而尊，則：侍者、密邇長老，或燒香、或衣鉢、或湯藥、記錄書狀，皆以便習學也。而知客，以職典謁。知浴，以興普行。知藏，以掌琅函。書記，以宰文墨。而堂中板首，則堂主、後堂。層累而上，則西堂、首座。而四板首所職者，則規矩佛法，以佐長老；鍛鍊禪眾，以接來學。而事乃大備矣。

古云，不遇盤根錯節，無以別利器；縱有能人，不歷執事，何以陶鍊德器，博綜智能。非麤疎而任習，即掣肘而無才，以宰叢林，安得不敗事而決裂哉。況從上古錐，欲磨厲人材也，叢林務行，無不命歷。

溈山古佛，百丈命以典座；雪峰大老，德山委以飯頭；乃至楊岐、自寶庫司；仰山、雪竇知客；雲峰化主；五祖磨頭；妙喜東司；百靈知浴；圓通知眾；迴石監修；權直歲；匡桶頭；洞山香燈；大伯知隨；陸沉下板；率先苦行。皆所以養其器，老其材，斧斤其質幹，霜雪其筋骨，使之任重致遠而柱石法門也。

獨至付授一事，常不於列職，而必於首座西堂者何哉？既望其荷擔法門，必能鍛鍊衲子，方可利益方來。既期以宰斷叢林，必能哮吼當場，不可紹續慧命。若不於板首時，熟鍊其鉗鎚，使牙爪毒辣；推舉其秉拂，使聲光靄著，一旦居此位，行此令，豈能不捉衿而露肘哉？

嗟！見近世法門，不講鍛鍊，急於收人，衲子入門，草草付授。即或係執事，不循資例，輕易打發。（中略）不但誤天下蒼生，而自弄自誑，門庭倒踢而不可扶矣。何所取也哉？（下略）

一三、謹嚴付授

鍛鍊之說，既畢陳於前矣。（中略）既受鍛鍊，則人可省發。然人人可以省發，而不必人人可付授也。（中略）然謂一經省發，盡可付授，此又知其一而不知其二也。

學家而至堪付授，必其道眼可以繩宗祖，行德可以範人天，學識可以迪後進，爪牙可以擒衲子。然後命之以出世，責之以為人。如印傳印，印文克肖而法門允賴矣。即末法時代，全杖難得，異器難求，亦必久久同住，熟知心行，縱不能超宗異目，亦不至方底圓蓋，必有幾種擅長，稍近繩墨者而後可。

即不能為長老，而為靜主，亦必道眼明，人品正，具佛祖剛骨，而狷介自守，不犯人苗稼者而後然。斷非庸陋愚劣，險詖邪僻之輩，所宜插足者也。（中略）

馬祖出善知識八十四人，各為宗主，靡不當器。後來稱人材極盛者，為雲門、為洞山、為法眼、為汾陽、為黃龍南、為真淨文、為東山、為圓悟、為妙喜，而妙喜付授，世譜列九十餘人。而未嘗有人議諸老為濫付也。

其衣鉢單傳者，如風穴、如楊岐、如白雲、如應庵、密庵等。雖孤承七世，寬能克家，而亦未嘗必以斷絕為高也。

如必以斷絕為高，則四祖何必從廬阜而遠至牛頭乎？南嶽何必磨甎？船子何必覆舟？風穴何必痛哭？大陽何必以頂相皮履直裰寄浮山？使求法器乎？（中略）

時方盛也，佛祖挺生，龍象聚集，有智過於師者，不則亦見與師齊者，廣大門庭，無一而非法器。雖付數十人，乃至百人，而不為多，法當開張，不得而不開張也。

時方季也，師家缺辨驗，學者鶩虛名，有付數人，而無一人當器者，有付數十人，而無一人周正出世者。羊質虎皮，彼此互相哄誘，即付一人而亦已非。於是真善知識，寧令斷絕，而走孤高，以為補救。（中略）雖云不付，而中流砥柱，道眼具存，曠百世而光明洞然。謂之斷絕可乎？氾濫門庭，雖則多付而日中灌瓜，結果何在？不轉眼而敗壞狼籍，謂之接續可乎？

總之，明綱宗、知鍛鍊，則初步不難出人。悟後不輕放過，謹慎與流傳。皆為法門之幸。毀綱宗、忽鍛鍊，則流傳有濫觴之過。太慎又有斷絕之憂，皆非法門之福。

雖然如是，善知識者，為佛祖入草求人，為人天開鑿眼目，寧慎無濫；寧少而真，毋多而偽；無俾稂莠稊稗，得以混亂嘉種。則慧命必永遠而昌大矣。故余苦口，力陳鍛鍊，而終之以囑慎流傳，以為末後一句。夫重綱宗、勤鍛鍊、持謹慎，此三法者，皆世所未聞而難行者也。（下略）

跋

余實見晚近禪門，死守成規，不諳烹鍛，每致真宗寂寥，法流斷絕，萬不獲已，立為新法，且作死馬醫。若論本分一著，言前薦得，猶為滯殼迷封；句下精通，已是觸途狂見。悟即不無，爭奈落在第二頭。汲汲乎講鉗鎚，論鍛鍊，豈非頭上安頭、夢中說夢？弄泥團漢，將來認為實法，不知通變，帶累山僧生陷鐵圍矣！躭源圓相，倘遇仰山一火焚之，山僧合掌云：「作家作家，是真能善用孫武子而不為趙括談兵矣。」果有此人，殆斫額望之也。

晦山叟復書於黃梅四祖方丈

（錄自《禪門鍛鍊說》，《卍續藏》冊一一二）

聖嚴識 本篇的著作者戒顯禪師，是南嶽下三十六世，徑山具德弘禮禪師的法嗣，具德弘禮禪師與漕吉弘忍，同為三峰漢月法藏（西元一五七三—一六三五年）的法嗣。從本篇《卍續藏》經本的著作者的自序及自跋看，寫作之時，已在他的晚年，且已當過板首，那是辛丑年的上元日，即是永明王永曆十五年（西元一六六一年），正好是明朝王統的最後一年。可是從日本的《佛書解說大辭典》的介紹看，本篇著作者的自序是寫於明熹宗天啟元年（西元一六二一年），那應是辛酉年了。在那個時代，佛門僧品複雜，而卻出了不少高僧，除了蓮池袾宏、達觀真可（西元一五四三—一六〇三年）、憨山德清、蕅益智旭等四大師之外，禪門也是龍象輩出。戒顯禪師的傳記不詳，但從這篇不朽的〈禪門鍛鍊說〉作品看來，乃是一位宗說兼通的了不起的禪匠。他特別崇仰妙喜大師大慧宗杲的禪風，注重以善巧方便毒辣的鉗鎚，鍛鍊學禪的後進。反對默照禪的死守枯寂。模仿孫子論用兵之道的方式，以十三章，說明他對於訓練禪者的態度及經驗。他的對象是已成善知識的長老師家，不是初入門的新參學者。

本人訓練禪眾，一向不用禪門的通套，所以我在禪七中所用方法態度，既不是在近世中國禪寺中看來，也不是從目前日本的禪堂中學來。所以當我讀到本篇〈禪門鍛鍊說〉之時，內心非常喜悅。文中有些內容不屬於吃緊的部分，酌情加以節略，好在其原文仍全存於《卍續藏》的第一一二冊。我對本篇的抄錄分段標點，目的在給我自己看得更清楚。但是我也不會照著本篇規定的方式層次來訓練禪眾。我想說的，這是一篇極好的參考文章，對於已為禪師的長老，應該三讀、多讀。

參禪法要

虛雲和尚

一、參禪的先決條件與認識

（一）參禪的目的

參禪的目的，在明心見性。就是要去掉自心的汙染，實見自性的面目。汙染就是妄想執著，自性就是如來智慧德相。如來智慧德相，為諸佛眾生所同具，無二無別，若離了妄想執著，就證得自己的如來智慧德相，就是佛。否則，就是眾生。

祇為你我從無量劫來，迷淪生死，染汙久了，不能當下頓脫妄想，實見本性，所以要參禪。因此，參禪的先決條件，就是除妄想。

妄想如何除法，釋迦牟尼佛說的很多，最簡單的，莫如「歇即菩提」，一個

「歇」字。禪宗由達摩祖師傳來東土，到六祖後，禪風廣播，震爍古今。但達摩祖師和六祖開示學人，最要緊的話，莫若「屏息諸緣，一念不生」。屏息諸緣，就是萬緣放下，所以「萬緣放下，一念不生」這兩句話，實在是參禪的先決條件。這兩句話如果不做到，參禪不但是說沒有成功，就是入門都不可能。蓋萬緣纏繞，念念生滅，你還談得上參禪嗎？

(二) 萬緣放下

「萬緣放下，一念不生」是參禪的先決條件。我們既然知道了，那末，如何纔能做到呢？上焉者，一念永歇，直至無生，頓證菩提，毫無絡索。其次則以理除事，了知自性，本來清淨；煩惱菩提，生死涅槃，皆是假名，原不與我自性相干；事事物物，皆是夢幻泡影。我此四大色身，與山河大地，在自性中，如海中的浮漚一樣，隨起隨滅，無礙本體。不應隨一切幻事的生住異滅，而起欣厭取捨。通身放下，如死人一樣，自然根塵識心消落，貪瞋癡愛泯滅，所有這身子的痛癢苦樂、飢寒飽暖、榮辱生死、禍福吉凶、毀譽得喪、安危險夷，一概置之度外。這樣纔算放下。一放下，一切放下，永永放下，叫作萬緣放下。

萬緣放下了，妄想自消，分別不起，執著遠離。至此一念不生，自性光明，全體顯露；至是，參禪的條件具備了，再用功真參實究，明心見性纔有分。

(三) 個個立地成佛

日來常有禪人來問話。夫法本無法，一落言詮，即非實義；了此一心，本來是佛，直下無事，各各現成。說修說證，都是魔話。達摩東來，「直指人心，見性成佛」，明明白白指示，大地一切眾生，都是佛。直下認得此清淨自性，隨順無染；二六時中，行住坐臥，心都無異，就是現成的佛；不須用心用力，更不要有作有為，不勞纖毫言說思惟。所以說，成佛是最容易的事，最自在的事，而且操之在我，不假外求。大地一切眾生，如果不甘長劫輪轉於四生六道，永沉苦海，而願成佛，常樂我淨，諦信佛祖誠言，放下一切，善惡都莫思量，個個可以立地成佛。諸佛菩薩，及歷代祖師，發願度盡一切眾生，不是無憑無據，空發大願，空講大話的。

上來所說，法爾如此，且經佛祖反覆闡明，叮嚀囑咐，真語實語，並無絲毫虛誑。無奈大地一切眾生，從無量劫來，迷淪生死苦海，頭出頭沒，輪轉不已。迷惑顛倒，背覺合塵，猶如精金投入糞坑，不惟不得受用，而且染汙不堪。佛以大慈悲，不得已，說出八萬四千法門，俾各色各樣根器不同的眾生，用來對治貪瞋癡愛等八萬四千習氣毛病。（中略）

（四）參禪與觀心

宗門主參禪，參禪在「明心見性」，就是要參透自己的本來面目，所謂：「明悟自心，徹見本性。」

這個法門，自佛拈花起，至達摩祖師傳來東土以後，下手工夫，屢有變遷。在唐宋以前的禪德，多是由一言半句，就悟道了，師徒間的傳授，不過以心印心，並沒有什麼實法，平日參問酬答，也不過隨方解縛，因病與藥而已。宋代以後，人們的根器陋劣了，講了做不到，譬如說「放下一切」，「善惡莫思」，但總是放不下，不是思善，就是思惡。到了這個時候，祖師們不得已，採取以毒攻毒的辦法，教學人參公案。

初是看話頭，甚至於要咬定一個死話頭，教你咬得緊緊，剎那不要放鬆，如老鼠啃棺材相似，咬定一處，不通不止。目的在以一念抵制萬念。這實在是不得已的辦法。如惡毒在身，非開刀療治，難以生效。

古人的公案多得很，後來專講看話頭。有的「看拖死屍的是誰？」有的「看父母未生以前，如何是我本來面目？」晚近諸方，多用「看念佛是誰？」這一話頭。

其實都是一樣，都很平常，並無奇特，如果你要說：看念經的是誰？看持咒的是誰？看拜佛的是誰？看吃飯的是誰？看穿衣的是誰？看走路的是誰？看睡覺的是誰？

都是一個樣子。「誰」字下的答案：就是心話從心起，心是話之頭；念從心起，心是念之頭；萬法皆從心生，心是萬法之頭。其實，話頭即是念頭，念之前頭就是心。直言之，一念未生以前，就是話頭。

由此你我知道，看話頭，就是觀心。父母未生以前的本來面目，就是心，看父母未生以前的本來面目，就是觀心。

性即是心，「反聞聞自性」，即是反觀觀自心。「圓照清淨覺相」，清淨覺相即是心，照即觀也。心即是佛，念佛即是觀佛，觀佛即是觀心。

所以說，看話頭，或者是說「看念佛是誰？」就是觀心，即是觀照自心清淨覺體，即是觀照自性佛。心，即性、即覺、即佛，無有形相方所，了不可得，清淨本然，周遍法界，不出、不入，無往、無來，就是本來現成的清淨法身佛。

行人都攝六根，從一念始生之處看去，照顧此一話頭，看到離念的清淨自心。再綿綿密密，恬恬淡淡，寂而照之，直下五蘊皆空，身心俱寂，了無一事。從此，晝夜六時，行住坐臥，如如不動，日久功深，見性成佛，苦厄度盡。昔高峰祖師云：「學者能看個話頭，如投一片瓦塊，在萬丈深潭，直下落底。若七日不得開悟，當截取老僧頭去。」同參們，這是過來人的話，是真語實語，不是騙人的誑語啊！

然而為什麼現代的人，看話頭的多，而悟道的人沒有幾個呢？這個由於現代的人，根器不及古人，亦由學者對參禪看話頭的理路，多是沒有摸清。有的人東參西訪，南奔北走，結果鬧到老，對一個話頭還沒有弄明白，不知什麼是話頭，如何才算看話頭？一生總是執著言句名相，在話尾上用心。（中略）

話頭即是一心，你我此一念心，不在中間內外，亦在中間內外，如虛空的不動而遍一切處。

所以話頭不要向上提，也不要向下壓；提上則引起掉舉，壓下則落於昏沉。違本心性，皆非中道。

大家怕妄想，以降伏妄想為極難。我告訴諸位，不要怕妄想，亦不要費力去降伏他，你只要認得妄想，不執著他，不隨逐他，也不要排遣他。只不相續，則妄想自離。（下略）

（錄自中華大典本的《虛雲和尚法彙》一五二—一五九頁）

二、禪堂開示的修行方法

（一）引言

諸位常時來請開示，令我很覺慼愧。諸位天天辛辛苦苦，砍柴鋤地，挑土搬磚，一天忙到晚，也沒有打失辦道的念頭，那種為道的殷重心，實在令人感動。虛雲慚愧，無道無德，說不上所謂開示，只是拾古人幾句涎唾，來酬諸位之問而已。至於要用功辦道，先決條件有四：1.深信因果，2.嚴持戒律，3.堅固信心，4.決定行門。

（二）坐禪須知

平常日用，皆在道中行，那裡不是道場？本用不著什麼禪堂，也不是坐才是禪的。所謂禪堂，所謂坐禪，不過為我等末世障深慧淺的眾生而設。

坐禪要曉得善調養身心，若不善調，小則害病，大則著魔，實在可惜！禪堂的行香坐香，用意就在調身心，此外調身心的方法還多，今擇要略說。

跏趺坐時，宜順著自然正坐，不可將腰作意挺起，否則火氣上升，過後會眼屎多，口臭氣頂，不思飲食，甚或吐血；又不要縮腰垂頭，否則容易昏沉；尤其不要靠背，否則會吐血的。

如覺昏沉來時，睜大眼睛，挺一挺腰，輕輕略移動臀部，昏沉自然消滅。

用功太過急迫，覺心中煩躁時，宜萬緣放下，工夫也放下來，休息約半寸香，漸會舒服，然後再提起用功；否則日積月累，便會變成性躁易怒，甚或發狂著魔。

坐禪中遭遇的境界很多，說之不了，但只要你不去執著它，便礙不到你，俗所謂：「見怪不怪，其怪自敗。」雖遇著或見著什麼惡境界，也不要管它，不要害怕；就是看見什麼好境界，也不要管它，不要生歡喜。《楞嚴》所謂：「不作聖心，名善境界，若作聖解，即受群邪。」

(三) 用功下手認識賓主

用功怎樣下手呢？楞嚴會上憍陳那尊者說「客塵」二字，正是我們初心用功下手處，他說：「譬如行客，投寄旅亭，或宿或食，宿食事畢，俶裝前途，不遑安住，若實主人，自無攸往；如是思惟，不住名客，住名主人，以不住者，名為客義。又如新霽，清暘升天，光入隙中，發明空中諸有塵相，塵質搖動，虛空寂然；澄寂名空，搖動名塵，以搖動者，名為塵義。」客塵喻妄想，主空喻自性。常住的主人，本不跟客人或來或往，喻常住的自性，本不隨妄想忽生忽滅，所謂但自無心於萬物，何妨萬物常圍繞。塵質自搖動，本礙不著澄寂的虛空，喻妄想自生滅，本礙不著如如的自性，所謂一心不生，萬法無咎。此中客字較粗，塵字較細。初心人先認清了「主」和「客」，自不為妄想遷流，進一步明白「空」和「塵」，妄想自不能為礙，所謂識得不為冤。果能於此諦審領會來下手用功，便不致有多大錯誤了。

（四）話頭與疑情

古代祖師，直指人心，見性成佛如達摩初祖的安心，六祖的唯論見性，只要直下承當便了，本沒有看話頭的。到後來的祖師，見人不肯死心蹋地，不能見到做到，多弄機詐，說口頭禪，數他人珍寶，作自己家珍；便不得不各立門庭，各出手眼，才令學人看話頭。

話頭很多，如「萬法歸一，一歸何處」，「父母未生前，如何是我本來面目」等等，但以「念佛是誰」為最普通。

什麼叫話頭？話，就是說話，頭，就是未說話之前。如念「阿彌陀佛」是句話，未念之前就是話頭。所謂話頭，即是一念未生之際；一念才生，已成話尾。這一念未生之際，叫作不生；不掉舉，不昏沉，不著靜，不落空，叫作不滅。時時刻刻，單單的的一念迴光返照這「不生不滅」，就叫作看話頭，或照顧話頭。

看話頭先要發疑情，疑情是看話頭的枴杖。何謂疑情？如問念佛的是誰，人人都知道是自己念，但是用口念呢？還是用心念呢？如果用口念，死了還有口，為甚不會念？如果用心念，心又是個什麼樣子，卻了不可得。因此不明白，便在「誰」上發起輕微的疑念，但切不要粗，愈細愈好，隨時隨地單單照顧定這疑念，像流水般不斷地照顧下去，不生二念，若疑念在，不要動著它；疑念不在，再輕微提起。初用心的，必定靜中比動中較為得力；但切不可生分別心，不要管它得力不得力，不要管它動中或靜中，你一心一意用你的功好了。

「念佛是誰」四字，最著重在個「誰」字，其餘三字，不過言其大者而已。如穿衣吃飯的是誰，屙屎放尿的是誰，打無明爭人我的是誰，能知能覺的是誰，不論行住坐臥，「誰」字一舉便有，最容易發起疑念，不待反覆思量卜度作意才有。故「誰」字話頭，實在是參禪妙法。但不是將「念佛是誰」四字作佛號念，也不是思量卜度去找念佛的是誰，叫作疑情。有等將「念佛是誰」四字念不停口，倒不如念句阿彌陀佛功德更大；有等胡思亂想東尋西找叫作疑情，那知愈想妄想愈多，等於欲升反墜，不可不知。

初心人所發的疑念很粗，忽斷忽續，忽熟忽生，算不得疑情，僅可叫作想；漸漸狂心收籠了，念頭也有點把得住了，才叫作參；再漸漸工夫純熟，不疑而自疑，也不覺得坐在什麼處所，也不知道有身心世界，單單疑念現前，不間不斷，這才叫疑情。實際說起來，初時那算得用功，僅是打妄想，到這時真疑現前，才是真正用功的時候。這時候是一個大關隘，很容易跑上歧路：1.這時清清淨淨，無限輕安，若稍失覺照（覺，即不迷，即慧；照，即不亂，即是定），便陷入輕昏狀態（若有個明眼人在旁，一眼便會看出他正在這個境界，一香板打下，馬上滿天雲霧散，很多會因此悟道的）。2.這時清清淨淨，空空洞洞，若疑情沒有了，便是「無記」，「坐枯木岩」，或叫「冷水泡石頭」。到這時就要提，提即覺照，但不要像初時的粗提，要極微細微細，單單的一念幽幽隱隱，湛然寂照，如如不動，靈靈不昧，了了常知，如冷火抽煙，一線綿延不斷，漸漸用功到這地步時就要具金剛眼睛，不再提，提就是頭上安頭。

昔有僧問趙州老人道：「一物不將來時如何？」州道：「放下來！」僧道：「一物不將來，放下個什麼？」州道：「放不下，挑起去！」就是說這時節。此中風光，如人飲水，冷暖自知，不是言說可能到，到了這地步的人，自然明白，未到這地步的人，說也沒用。所謂「路逢劍客須呈劍，不是詩人莫獻詩」。

（五）照顧話頭與反聞自性

或問：「觀音菩薩的反聞聞自性，怎見得是參禪？」我方說照顧話頭就是時時刻刻單單的的，一念迴光反照這「不生不滅」。（話頭）反聞聞自性，也是教你時時刻刻單單的的一念反聞聞自性。「迴」就是反，「不生不滅」，即是自性。「聞」和「照」，雖順流時循聲逐色，聽不越於聲，見不超於色，分別顯然；但逆流時，反觀自性，不去循聲逐色，則原是一精明，「聞」和「照」沒有兩樣。

我們要知道，所謂照顧話頭，所謂反聞自性，絕對不是用眼睛來看，也不是用耳朵來聽；若用眼睛來看，或耳朵來聽，便是循聲逐色，被物所轉，叫作順流；若單單的一念在「不生不滅」中，不去循聲逐色，無絲毫雜念，就叫作逆流，叫作照顧話頭，也叫反聞自性，但也不是叫你死閉眼睛，或塞著耳朵，祇是叫你不要生心去循聲逐色而已。

（六）生死心切與發長遠心

參禪最重要生死心切和發長遠心：若生死心不切，則疑情不發，工夫做不上；若沒有長遠心，則一曝十寒，工夫不成片。只要有個長遠切心，真疑起時，塵勞煩惱不息而自息，時節一到，自然瓜熟蒂落。

我說個故事給諸位聽：前清庚子年間，八國聯軍入京的時候，光緒徒步向陝西方面跑，每天跑幾十里路，幾天沒有飯吃，路上有個「老百姓」「進貢」了一點紅薯藤給他，他吃了還問人是什麼東西這麼好吃。你想皇帝平日好大的架子！多大的威風！那曾跑過幾步路？那曾餓過半頓肚子？那曾吃過紅薯藤？到那時架子也不擺了，威風也不逞了，路也跑得了，肚子也餓得了，菜根也咬得了。為甚他這樣放得下？因為聯軍想要他的命，他一心想著逃命呀！可是後來議好和，「御駕」回京，架子又擺起來了，威風又逞起來了，路又跑不得了，肚子又餓不得了，稍不高興的東西也吃不下咽了。為甚他那時又放不下？因為聯軍已不要他的命，他已沒有了逃命的心呀！假如他時常將逃命時的心腸來辦道，還有什麼辦不了？可惜沒個長遠心，遇著順境，又故態復萌。

諸位同參呀！歲月催人，光陰一去不復返，它時刻要我們的命，比「聯軍」還要利害，永不肯同我們「議和」的呀！快發個長遠切心，來了生脫死苦吧！高峰妙祖說：「若論此事，如萬丈深潭中，投一塊石相似，透頂透底，了無絲毫間隔。誠能如是用功，如是無間，一七日中，若無倒斷，妙上座永墮拔舌犁耕！」又說：「參禪若要剋日成功，如墮千丈井底相似，從朝至暮，從暮至朝，千思想，萬思想，單單是個求出之心，究竟決無二念。誠能如是施功，或三日，或五日，或七日，若不徹去，高峰今日犯大妄語，永墮拔舌犁耕！」他老人家也一樣大悲心切，恐怕我們發不起長遠切心，故連發這麼重誓來向我們保證。

（七）悟道與修道

憨山祖師說：「凡修行人，有先悟後修者，有先修後悟者。然悟有解證之不同：若依佛祖言教明心者，解悟也，多落知見，於一切境緣，多不得力；以心境角立，不得混融，融途成滯，多作障礙，此名相似般若，非真參也。若證悟者，從自己心中，樸實做去，逼拶到山窮水盡之處，忽然一念頓歇，徹了自心，如十字街頭見親爺一般，更無可疑，如人飲水，冷暖自知，亦不能吐露向人，此乃真參實悟，然後即以悟處，融會心境，淨除現業、流識、妄想、情慮，皆鎔成一味真心，此證悟也。此之證悟，亦有深淺不同，若從根本上做工夫，打破八識窠臼，頓翻無明窟穴，一超直入，更無剩法，此乃上上利根，所證者深；其餘漸修，所證者淺。最怕得少為足，切忌墮在光影門頭，何者？此八識根本未破，縱有作為，皆是識神邊事，若以此為真，大似認賊為子，古人云：『學道之人不識真，只為從前認識神，無量劫來生死本，癡人認作本來人。』於此一關最要透過。所言頓悟漸修者，乃先悟已徹，但有習氣未能頓淨，就於一切境緣上，以所悟之理，即起觀照之力，歷境驗心，融得一分境界，證得一分法身，消得一分妄想，顯得一分本智。是又全在綿密工夫，於境界上做出，更為得力。」

所以我們不論已悟未悟，解悟證悟，一樣的要修學，真實行持。所不同者，先悟後修的人，如識途老馬，不會走冤枉路，比先修後悟的人較為容易；證悟的人腳踏實地，不像解悟的人浮浮泛泛，也較易得力而已。趙州老人八十猶行腳，四十年不雜用心看個「無」字，便是我們很好的模範。難道他老人家還沒有悟道嗎？他就是要指示我們，不要得少為足，不要我慢貢高。每見有種人看了幾本經書或語錄，便滿口「即心即佛」，什麼「豎窮三際，橫徧十方」，於本分上沒有半點相應，詡詡然以再來的古佛自居，逢人稱揚自己已經大徹大悟；有些盲從者，也附著替他吹牛，於是魚目混珠，真偽莫辨，弄得亂七八糟，令人退失信心，甚至興謗。近世禪宗之不振，多半就是敗於這等狂徒之手。望各位痛下苦功，不要弄假，不要說口頭禪，務要真參實悟，將來作法門的龍象，來重振宗風啊！

（八）參禪與念佛

念佛的人，每每譭謗參禪；參禪的人，每每譭謗念佛，好像是死對頭，必欲對方死而後快。這個是佛門最堪悲嘆的惡現象！俗語也有說：「家和萬事興，家衰口不停。」兄弟鬩牆，那得不受人家的恥笑和輕欺呀？參禪念佛等等法門，本來都是釋迦老子親口所說，道本無二，不過以眾生的夙因和根器各不同，為應病與藥汁，使方便說了許多法門來攝化群機；後來諸大師依教分宗，亦不過按當世所趨來對機說法而已。如果就其性近者來修持，則那一門都是入道妙門，本沒有高下的分別。而且，法法本來可以互通，圓融無礙的。譬如念佛到一心不亂，何嘗不是參禪？參禪參到能所雙忘，又何嘗不是念實相佛？禪者，淨中之禪；淨者，禪中之淨。禪與淨，本相輔而行，奈何世人偏執，起門戶之見，自讚譭他，很像水火不相容，盡違背佛祖分宗別教的深意，且無意中犯了譭謗佛法危害佛門的重罪，不是一件極可哀可愍的事嗎？望我同仁，不論修持那一個法門的，都深體佛祖無諍之旨，勿再同室操戈。大家協力同心，挽救這隻浪濤洶湧中的危舟吧！

（九）用功人的兩種難易

用功辦道人，就其工夫的淺深，有兩種難易：1.初用功的難易，2.老用功的難易。初用心的通病，就是妄想習氣放不下來，無明貢高，嫉妒障礙，貪瞋癡愛，懶做好吃，是非人我，漲滿一大肚皮，那能與道相應？或有些是個公子哥兒出身，習染不忘，一些委屈受不得，半點苦頭吃不得，那能用功辦道？他沒想本師釋迦牟尼佛是個什麼人出家的。或有些識得幾個文字的，不曉得古德語錄中的問題，是在驗學人的淺深；便自作聰明，終日尋章逐句，說心說佛，將古人言句作解會，作這種說食數寶的勾當，還自以為了不起，生大我慢；遇著一場大病，便叫苦連天，或臘月三十到來，便手忙腳亂；生平知解，一點用不著，才悔之不及。更有一種人，曲解了本來是佛，不屬修證的話。便說本自現成，不必修證，終日閒閒散散，任情放逸。荒廢光陰，還自稱出格人，隨緣自在，這種人將要吃大苦頭。

有點道心的人，又摸不著一個下手處，或有害怕妄想，除又除不了，終日煩煩惱惱，自怨業障深重，因此退失道心。或有要和妄想拚命，憤憤然揑拳鼓氣，挺胸睜眼，像煞有介事，要和妄想決一死戰；那知妄想卻拚不了，倒弄得吐血發狂。或有怕落空；那知早已生出「鬼」，空也空不掉，悟又悟不來。或有將心求悟；那知求悟道，想成佛，都是個大妄想，砂非飯本，求到「驢年」也決定不得悟。或有碰著一兩枝靜香的，便生歡喜心；那僅是盲眼烏龜鑽木孔，偶然碰著，不是實在工夫；又多一層歡喜障。或有靜中覺得清清淨淨很好過；動中又不行，因此避喧向寂，坐在死水中過日子。諸如此類，很多很多，初用功摸不到路頭實在難，有覺無照，則散亂不能「落堂」（工夫上軌道的意思）；有照無覺，又坐在死水裡浸殺。

用功雖說難，但摸到路頭又很易。什麼是初用功的易呢？沒有什麼巧，放下來便是。放下個什麼？便是放下一切無明煩惱。諸位同參呀！我們這個軀殼子一口氣不來，就是一具死屍，我們所以放不下，只因為將它看重，方生出人我是非，愛憎取捨；若認定這個軀殼子是具死屍，不去寶貴他，根本不把它看作是我，還有什麼放不下？只要放得下，隨時隨地，不論行、住、坐、臥，動靜閒忙，通身內外冷冰冰只是一個疑念，平平和和不斷的疑下去，不雜絲毫異念；一句話頭，如倚天長劍，觸其鋒者，滅跡銷聲。還怕什麼妄想？有什麼打得你的閒人？那個去分動分靜？那個去著有著空？如果怕妄想，又加一重妄想；覺清淨，早已不是清淨；怕落空，已經墮在有中；想成佛，早已入了魔道。所以只要識得路頭，則運水搬柴，無非妙道，鋤田種地，總是禪機；不是一天盤起腿子打坐，才算用功辦道的。

什麼是老用功的難呢？老用功用到真疑現前的時候，有覺有照，仍屬生死；無覺無照，又落空亡。到這境地實在難，很多到此灑不脫，站在百尺竿頭，沒法進步的。有等因為到了這境地，工夫有些微把護，又沒有遇著什麼打不開的境界，便自以為無明斷盡，工夫到家；那曉得天天坐在無明窟裡過日子還不自知。忽然遇著一個境界，便打不開，作不得主，依舊隨它去了，豈不可惜！或有等到了真疑現前的境地，空中發點慧，領略了古人幾則公案，便放下疑情，自以為大徹大悟，吟詩作偈，瞬目揚眉，稱善知識，這種人自誤誤人，罪過無邊。又有等把達摩老人的「外息諸緣，內心無喘，心如牆壁，可以入道」，和六祖的「不思善，不思惡，正恁麼時，那個是明上座本來面目」的涵義錯會了，便以坐在枯木岩邊為極則，這種人以化城為寶所，認客地作家鄉，婆子燒庵，就是罵此等死漢。

什麼是老用功的易呢？到這時只要不自滿，不中斷，綿綿密密做去，綿密中更綿密，微細中更微細，時節一到，桶底自然打脫。如或不然，找善知識抽釘拔楔去。寒山大士頌道：「高高山頂上，四顧極無邊；靜坐無人識，孤月照寒泉；泉中且無月，月是在青天；吟此一曲歌，歌中不是禪。」頭二句是說獨露真常，不屬一切，盡大地光皎皎地無絲毫障礙；第三句是說真如妙體，凡夫固不能識，三世諸佛也找不到我的處所，故道無人識；孤月照寒泉三句，是他老人家方便譬喻這個境界；最後二句怕人們認指作月，故特別警醒我們，語言文字，都不是禪呀！

（一〇）結論

就是我所說的一大堆，也是扯葛藤，打閒叉；但有言說，都無實義。古德接人，非棒則喝，那有這樣嚕囌，不過今非昔比，不得不強作標月之指。究竟指是誰？月是誰？參！

（本章原載於中華大典本《虛雲和尚法彙》，其內容本不及如此之多而精彩，而是將《覺世》旬刊八〇〇—八〇二期刊出的，謂從「舊書中檢出原文」者，錄於此）

三、制心一處無事不辦

民國三十六年（西元一九四七年）冬，禪七中，我上方丈請開示。

師公問我：「你用什麼工夫？」我說：「亦念佛、亦參禪。禪淨雙修。」

問：「你既念佛，如何能參禪呢？」我說：「我念佛時，意中含有是誰念佛的疑情，雖在念佛，亦即是參禪也。」

問：「有妄想也無？」答：「正念提起時，妄念亦常常在後面跟著發生；正念放下時，妄念也無，清淨自在。」

師公說：「此清淨自在，是懶惰懈怠，冷水泡石頭，修上一千年，都是空過。必定要提起正念，勇猛參究，看出念佛的究竟是誰，纔能破參。你須精進的用功纔是。」

問：「聞說師公在終南山入定十八天，是有心入呢？無心入呢？」答：「有心入定，必不能定；無心入定，如泥木偶像。制心一處，無事不辦。」

問：「我要學師公入定，請師公傳授。」答：「非看話頭不可。」

問：「如何叫話頭呢？」答：「話，即是妄想，自己與自己說話，在妄想未起處，觀照著，看如何是本來面目？名看話頭。妄想已起之時，仍舊提起正念，則邪念自滅。若隨著妄想轉，打坐無益；若提起正念，正念不懇切，話頭無力，妄念必起。故用工夫須勇猛精進，如喪考妣。古德云：『學道猶如守禁城，緊把城頭守一場』；『不受一翻寒徹骨，怎得梅花撲鼻香。』（這幾句話，每次打七，師公都要說的）若無妄想，亦無話頭；空心靜坐，冷水泡石頭，坐到無量劫亦無益處。參禪不參則已，既決心參，就要勇猛精進，如一人與萬人敵，直前毋退，放鬆不得。念佛亦如此，持咒亦如此。生死心切，一天緊似一天，工夫便有進步。」

（此章係吾師靈源老和尚所記〈師公老和尚開示〉，集於《虛雲和尚法彙》一七七—一七八頁）

聖嚴識　本篇是近代禪宗最偉大的高僧虛雲老和尚（西元一八四〇—一九五九年）對於初學的禪侶們，所作的幾篇開示，由其弟子侍者惟因及其徒孫靈源（西元一九〇二—一九八八年）兩位尊者筆錄成文。對於初心的禪者及有志於參禪的人，確是用功修行的最佳指導。所以我把它們斟酌取捨，集合成篇，並且分出章節、標目、分段、標點，成為可讀性很高的文章。

有關虛雲老和尚的事蹟，可以參閱《虛雲年譜》。虛雲是他的別號，他的法派字號是德清演徹。

從一九七八年十二月五日下午二點起，我與虛雲老和尚的法脈也有了傳承關係，所得法派字號是知剛惟柔。我對法派的觀念一向很淡，但是禪法極重傳承。事實上我在一九五八年春天，於偶然的機緣，使我與靈源老和尚在高雄市的佛教堂，同榻而臥兩個晚上。那兩晚靈老很少倒單，我也正好有著修持上的一些障礙，他僅給了我「放下」兩字的開示，便使我非常受用。但我始終不以自己是禪門中人，也有些不以近世的禪林風格為然。直到去日本留學，參訪了好幾位禪師，也打了精進禪七，並且得到龍澤寺派原田祖岳的傳人伴鐵牛老師的指導和鼓勵，以為我可以在美國教化而不必顧慮語文的阻隔。所以由一九七六年春天起，正式在紐約大覺寺開始教授修持方法。禪重傳承，故於那年九月，先師東初老人到紐約訪問時，請示能否得其曹洞法派的傳承，他老則說剃度弟子與傳法弟子有別，而近世叢林所謂傳法，不在於心法而在於傳承寺主方丈的位子，人不在焦山，雖可得其法而不可承其位。於是說過了就算，未有任何事可做的。

我在另一方面，雖學過日本禪，卻不想以日本禪為依歸，教的也不是日本的那種模式，我得到日本禪師的恩澤，仍希望是中國禪宗的正統。近世僧中，僅有兩大禪匠，一是高旻寺的妙樹來果（西元一八八一—一九五三年），另一便是虛雲和尚。我既曾與靈源老和尚有過受教之恩，而且他也是我具足戒的尊證。故於一九七八年冬回國期間，拜見靈老，得其禪法，沒有任何儀式，僅在他老的禪房內頂禮三拜，見到此事的，只有一位他的近身侍者。很明顯地，其中沒有祕密，老和尚只是連聲說了幾個好字，我也永遠不會去向他老人家要主寺的位子，我是通過靈老，和虛老的法脈接上了頭。

飲水思源，現將虛老法系的歷代祖師恭列如下：

六祖惠能—南嶽懷讓—馬祖道一—百丈懷海—黃檗希運—臨濟義玄—興化存獎—南院慧顒—風穴延沼—首山省念—汾陽善昭—石霜楚圓—楊岐方會—白雲守端—五祖法演—圜悟克勤—虎丘紹隆—應庵曇華—密庵咸傑—破庵祖先—無準師範—斷橋妙倫—方山文寶—無見先覩—白雲智度—古拙昌俊—無際明悟—月溪耀澄—夷峰鏡寧—寶芳智進—野翁慧曉—無趣清空—無幻淨沖—南明道廣—鴛湖德用—高庵圓清—本智明覺—紫柏真可—端旭如弘—純潔性奎—慈雲海俊—質生寂文—端員照華—其岸普明—弢巧通聖—悟修心空—宏化源悟—祥青廣松—守道續先—正岳本超—永暢覺乘—方來昌遠—豁悟隆參—維超能燦—奇量仁繁—妙蓮聖華—鼎峰果成—善慈常開—德清演徹（虛雲）—

佛慧寬印—靈源宏妙—知剛惟柔（慧空聖嚴）

國家圖書館出版品預行編目資料

禪門修證指要 / 聖嚴法師編著 . -- 三版 . -- 臺北市 : 法鼓文化 , 2016.04
面； 公分
ISBN 978-957-598-704-6(平裝)

1. 禪宗 2. 佛教修持

226.65 105003307

禪修指引 1

禪門修證指要

Essentials of Practice and Attainment of Chan

著者 聖嚴法師
出版 法鼓文化
總審訂 釋果毅
總監 釋果賢
總編輯 陳重光
編輯 詹忠謀、李書儀
封面設計 黃聖文
美術編輯 Rooney Lee
地址 臺北市北投區公館路一八六號五樓
電話 02-28934646
傳真 02-28960731
網址 http://www.ddc.com.tw
E-mail market@ddc.com.tw
讀者服務專線 (02)2896-1600
原東初出版社 一九九一年初版至一九九五年二版二刷
三版一刷 二〇一六年四月
三版四刷 二〇二二年十二月
建議售價 新臺幣三〇〇元
郵撥帳號 50013371
戶名 財團法人法鼓山文教基金會—法鼓文化
北美經銷處 紐約東初禪寺
Chan Meditation Center (New York, USA)
Tel: (718) 592-6593 E-mail: chancenter@gmail.com

法鼓文化